日本語能力試験

JLPT 공식 문제집 Ver2.0 N2

日本語能力試験
JLPT 공식 Ver2.0 문제집 N2

초판 1쇄 발행 2025년 6월 2일

지은이 국제교류기금·일본국제교류지원협회 문제제공
펴낸곳 (주)에스제이더블유인터내셔널
펴낸이 양홍걸 이시원

홈페이지 japan.siwonschool.com
주소 서울시 영등포구 영신로 166 시원스쿨
교재 구입 문의 02)2014-8151
고객센터 02)6409-0878

ISBN 979-11-6150-994-5 13730
Number 1-311414-26269920-06

이 책은 저작권법에 따라 보호받는 저작물이므로 무단복제와 무단전재를 금합니다. 이 책 내용의 전부 또는 일부를 이용하려면 반드시 저작권자와 ㈜에스제이더블유인터내셔널의 서면 동의를 받아야 합니다.

©2018 The Japan Foundation, and Japan Educational Exchanges and Services

목차

- JLPT(일본어 능력 시험)는 무엇일까요? 04
- JLPT(일본어 능력 시험) 인정 기준 08
- JLPT(일본어 능력 시험) 시험 과목과 문제 구성 09
- JLPT(일본어 능력 시험) 득점 구분과 결과 통지 10
- JLPT N2 시험 접수 및 결과 확인 11

- 이 책의 구성과 활용법 12

- 모의고사편(1회분) 13
- 정답 및 해설편 67

부가자료
- 청해 워크북 141

JLPT(일본어 능력 시험)는 무엇일까요?

✅ JLPT(일본어 능력 시험)의 목적과 주최

JLPT(日本語能力試験 : 일본어 능력 시험)은 일본어를 모국어로 하지 않는 사람들의 일본어 능력을 측정, 인정하는 것을 목적으로 하여, 1984년에 국제교류기금과 현·일본국제교육지원협회가 개시하였다.

✅ JLPT(일본어 능력 시험) 실시국 수와 연간 실시 횟수

JLPT는 1984년 초년도에는 전세계에서 약 7,000명이 응시하였으나, 2024년에는 96개의 나라·지역에서 1,470,989명이 응시하는 시험이 되었다.

▶ 일본어 능력시험 응시자 수 추이

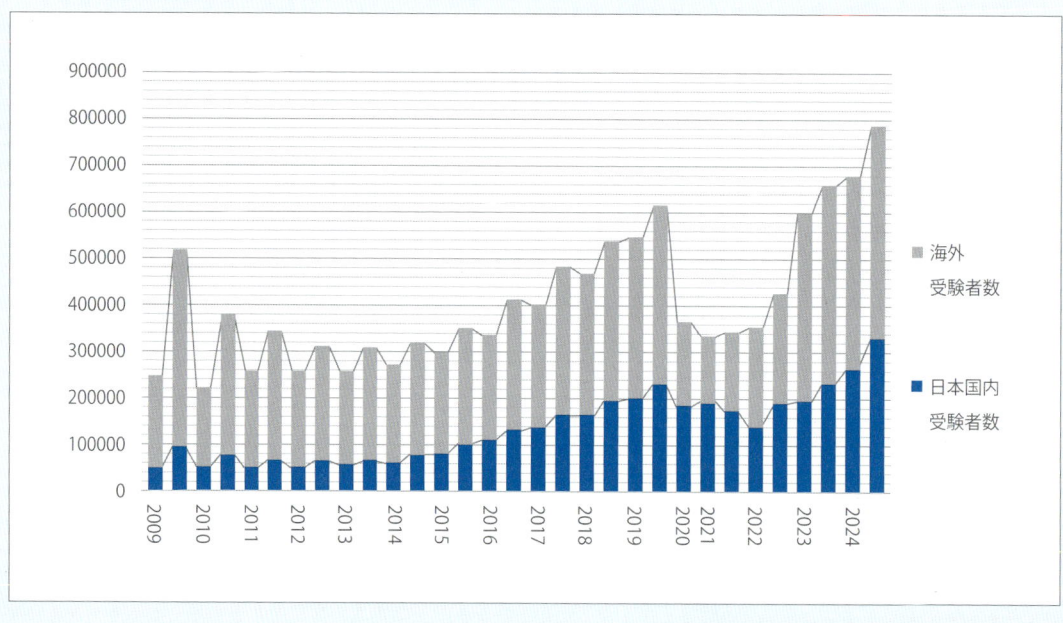

(자료 출처 : JLPT 홈페이지 통계 데이터에서)

✓ JLPT(일본어 능력 시험)의 장점

1 일본 출입국 관리상 우대 조치를 받기 위한 포인트 부여

'고도 인재에 대한 포인트 제도에 의한 출입국 관리상 우대조치'에 있어서 JLPT N1 합격자는 15점, N2 합격자는 10점의 가산점을 받을 수 있습니다. 출입국 포인트 합계가 70점 이상일 경우, 출입국 관리상 우대조치를 받을 수 있다.

2 일본 국가시험 수험 시 조건 중 하나

외국인이 일본 국가시험을 수험하는 조건 중 하나로, JLPT N1이 필요합니다. JLPT N1 인증이 필요한 일본의 국가시험은 의사 국가시험 등 20여개에 다다른다.

3 일본 준간호사 시험 수험을 위한 조건

해외에서 간호사학교 양성소를 졸업한 사람이 일본 준간호사 시험을 수험하기 위해서는 JLPT N1 인정이 필요하다.

4 일본 중학교 졸업정도 인정 시험에서 일부 시험과목 면제

외국 국적인 수험생의 경우, JLPT(일본어 능력시험) N1이나 N2 합격자는 일본어 시험이 면제된다.

5 EPA(경제연계협정)를 토대로 하는 간호사, 개호복지사 후보자 선정 조건 중 하나

EPA(경제연계협정)를 토대로 인도네시아, 필리핀, 베트남의 간호사, 개호복지사 후보자는 JLPT N5(필리핀)와 N4(인도네시아), N3(베트남) 이상의 인정이 필요하다.

JLPT(일본어 능력 시험) 4개의 특징

point 1

'과제 수행'을 위한 언어 커뮤니케이션 능력을 측정

JLPT는 일본어의 단어나 문법을 얼마나 알고 있는가, 뿐만이 아니라 커뮤니케이션에서 알고 있는 지식을 이용하여 과제를 수행할 수 있는가를 중요시하고 있다.

우리들이 생활 속에서 행하고 있는 다양한 '과제' 중에서 언어를 필요로 하는 것을 수행하려면, 언어지식 뿐만이 아니고, 그것을 실제로 이용하는 힘이 필요하기 때문이다. 따라서, JLPT(일본어 능력 시험)에서는 '언어지식'을 측정하기 위한 독해와 청해라는 요소를 시험에 더해, 종합적인 일본어 커뮤니케이션 능력을 측정하고 있다.

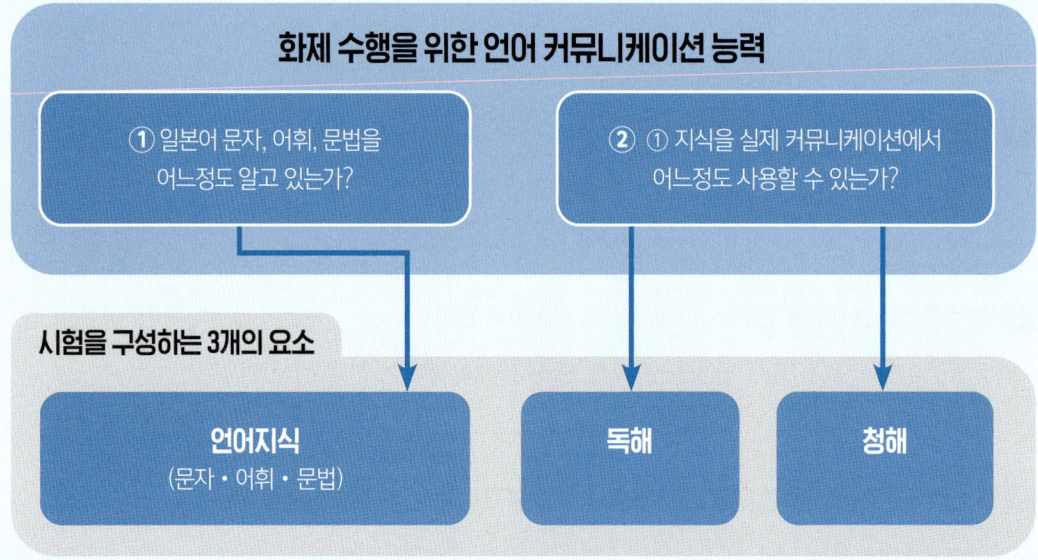

point 2

'5개'의 레벨에서 자신에게 맞는 레벨을 선택

JLPT에는 5단계(N1, N2, N3, N4, N5) 레벨이 있다. 가능한 정확하게 일본어 능력을 측정하기 위해, 시험 문제도 레벨별로 다르게 만들어져 있다.

point 3
'척도 득점'으로 일본어 능력을 보다 정확하게 측정

다른 시기에 실시되는 시험의 난이도를 완전히 동일하게 유지하는 것은, 시험 문제 작성 시에 전문가가 면밀하게 분석·검토하는 과정을 거쳐도 상당히 곤란하다. 그래서, 단순히 문제의 배점을 계산하여 더해가는 방식을 이용할 경우, 동일한 학습자라도 시험 때마다 다른 점수가 나올 가능성이 발생한다. 이러한 문제점에 대해, 보다 공평하게 대응하기 위해 공통의 척도를 토대로 표시한 '척도 득점'을 이용하는 것으로, 항상 동일한 기준 하에서 일본어 능력을 측정하고 있다.

point 4
전문가와 합격자의 평가에 의한 'Can-do 리스트' 제공

JLPT 시험으로 무엇을 할 수 있는지 알기 어렵다. 그래서, JLPT 시험 결과를 해석하기 위한 참고 자료로서 '일본어 능력 시험 합격자와 전문가의 평가에 의한 레벨별 Can-do리스트'를 제공하고 있다. 이 리스트는 2010년과 2011년 일본어 능력 시험 응시자, 약 65,000명을 대상으로 "일본어로 어떠한 것을 할 수 있다고 생각하는가?"에 관한 설문 조사를 실시하여 그 결과를 통계적으로 분석한 데이터로 작성하였으며, "합격자가 일본어를 사용해서 어떤 것을 할 수 있는가?"라는 이미지를 만들기 위한 참고 자료로 활용할 수 있다.

▷ Can-do 리스트 '듣는다' 예시

		N1	N2	N3	N4	N5
1	政治や経済などについてのテレビのニュースを見て、要点が理解できる。					
2	最近メディアで話題になっていることについての会話で、だいたいの内容が理解できる。					
3	フォーマルな場(例：歓迎会)でのスピーチを聞いて、だいたいの内容が理解できる。					
4	思いがけない出来事(例：事故など)についてのアナウンスを聞いてだいたい理解できる。					
5	仕事や専門に関する問い合わせを聞いて、内容が理解できる。					
6	関心あるテーマの講義や講演を聞いて、だいたいの内容が理解できる。					

JLPT(일본어 능력 시험) 인정 기준

JLPT(일본어 능력 시험)은 N1, N2, N3, N4, N5 총 5개의 레벨이 있으며, 제일 어려운 시험은 N1, 제일 쉬운 시험이 N5이다.

각 레벨의 인정 기준은 [읽는 것] [듣는 것]이라는 언어행동으로 나타낸다. [읽는 것]에는 문자 어휘, 문법 등의 언어지식과 독해가 필요하다.

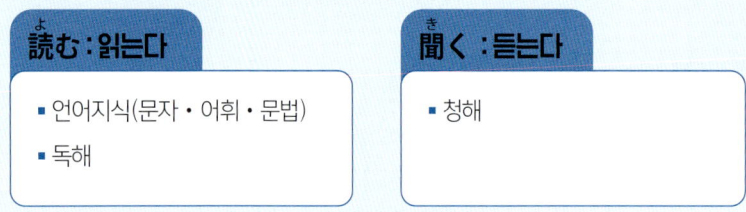

JLPT(일본어 능력 시험) N1~N5의 인정 기준은 다음과 같다.

N2	일상 적인 장면에서 사용되는 일본어의 이해에 더해, 보다 폭 넓은 장면에서 사용되는 일본어를 어느 정도 이해할 수 있다.
読む	▸ 폭 넓은 화제에 대하여 쓰여진 신문 논설, 평론 등, 논리적으로 조금 복잡한 문장이나 추상도가 높은 문장 등을 읽고, 문장의 구성이나 내용을 이해할 수 있다. ▸ 다양한 화제의 내용에 깊이가 있는 것을 읽고, 이야기의 흐름이나 상세한 표현 의도를 이해할 수 있다.
聞く	▸ 폭 넓은 장면에 있어서 자연스러운 속도의 정리가 된 화제나 뉴스, 강의를 듣고, 이야기의 흐름이나 내용, 등장 인물의 관계나 내용의 논리구성 등을 상세하게 이해하거나 요지를 파악할 수 있다.
N1	폭 넓은 장면에서 사용되는 일본어를 이해할 수 있다.
N3	일상적인 장면에서 사용되는 일본어를 어느 정도 이해할 수 있다.
N4	기본적인 일본어를 이해할 수 있다.
N5	기본적인 일본어를 어느 정도 이해할 수 있다.

JLPT(일본어 능력 시험) 시험 과목과 문제 구성

JLPT(일본어 능력시험) 과목은 크게 언어지식과 청해로 나뉘며, 시험 과목과 시험 시간은 다음과 같다.

레벨	시험 과목<시험 시간>		
N1	언어지식(문자, 어휘, 문법)·독해 <110분>		청해 <55분>
N2	언어지식(문자, 어휘, 문법)·독해 <105분>		청해 <50분>
N3	언어지식(문자, 어휘) <30분>	언어지식(문법)·독해 <70분>	청해 <40분>
N4	언어지식(문자, 어휘) <25분>	언어지식(문법)·독해 <55분>	청해 <35분>
N5	언어지식(문자, 어휘) <20분>	언어지식(문법)·독해 <40분>	청해 <30분>

※ 시험 시간은 변경될 수 있으며, <청해>는 시험 문제 녹음 길이에 따라 시험 시간이 다소 바뀐다.

JLPT(일본어 능력시험) N2의 문제 구성은 다음과 같다.

언어지식 독해	문자·어휘	한자 읽기	0~60점
		문맥 규정	
		유의어	
		용법	
	문법	문법 형식의 판단	
		문장 만들기	
		글의 문법	
	독해	내용 이해(단문)	0~60점
		내용 이해(중문)	
		내용 이해(장문)	
		통합 이해	
		주장 이해(장문)	
		정보 검색	
청해		화제 이해	0~60점
		포인트 이해	
		개요 이해	
		즉시 응답	
		통합 이해	

JLPT(일본어 능력 시험) 득점 구분과 결과 판정

✓ 득점 구분

시험 결과는 득점 구분과 득점 범위에 따라 결정된다. N2의 득점 구분은 언어지식(문자, 어휘, 문법), 독해, 청해의 3구분이다.

레벨	득점 구분	득점 범위
N2	언어지식(문자·어휘·문법)	0~60
	독해	0~60
	청해	0~60
	종합 득점	0~180

✓ 결과 판정

합격하려면, ① 종합 득점이 합격에 필요한 점수(합격점) 이상일 것, ② 각 득점 구분 득점이 구분마다 설정되어 있는 합격에 필요한 점수(기준점) 이상일 것, 이라는 2가지가 필요하다. 이 중 하나라도 기준점에 달하지 않는 득점 구분이 있는 경우에는 아무리 종합 점수가 높아도 불합격으로 판정된다.

또한, 3개의 득점 구분 중, 하나라도 수험하지 않은 과목이 있는 경우에는 불합격 판정된다.

✓ 결과 통지

레벨 별로 합격과 불합격을 판정하여, 합격자에게는 일본어능력인정서를 발송한다. 2005년 이후에 일본 국내 시험에서 합격한 사람과, 2012년 이후에 한국, 대만, 중국에서 시험을 본 합격자의 인증서에는 사진이 게재되어 있다. 또한, 일본 국내에서 시험을 본 경우에는 합격 불합격 통지서를 발송하며, 일본 이외의 해외에서 시험을 본 경우에는 2014년부터 합격 불합격 통지서 대신에, 전원이 일본어 능력시험 인정 결과 및 성적에 관한 증명서를 받을 수 있다.

✓ JLPT N2 시험 접수 및 결과 확인

- **JLPT 시험 실시 지역**

서울권	서울, 인천, 수원, 성남, 안양, 고양, 부천, 천안, 청주, 대전, 전주, 광주, 춘천, 원주
부산권	부산, 김해, 대구, 구미, 창원, 진주, 울산, 포항
제주권	제주

- **접수 기간 및 시험일, 성적 발표 일정**

	접수 기간	시험일	성적 발표
해당 연도 1회 시험	4월 초	7월 첫 번째 일요일	8월 말
해당 연도 2회 시험	9월 초	12월 첫 번째 일요일	(다음 해) 1월 말

※ 일반 접수 기간이 끝난 후, 추가 접수 기간이 있다(변동 가능성 있음).

- **접수 방법**
  ① 온라인 접수 : JLPT 한국 홈페이지(https://www.jlpt.or.kr/html/intro.html)에서 접수한다.
  ② 우편 접수 : 우편접수 신청서(JLPT 한국 홈페이지에서 서식 다운)에 기입 후, 증명사진 1매, 수험료와 함께 등기 우편으로 발송한다(단, 수험장 선택 불가).
  ※ 추가 접수는 온라인 접수만 가능하다.

- **접수 준비물**
  사진(여권사진 규격 3.5*4.5cm) 1매, 수험료

- **시험 준비물**
  수험표(온라인 접수자는 홈페이지에서 직접 출력), 규정 신분증, 필기구, 시계

- **시험 시간 (2025년부터 시험 시간 변경)**
  ① N1, N2 : 9:40분까지 입실
  ② N3, N4, N5 : 13:40분까지 입실

- **결과 확인**
  ① JLPT 한국 홈페이지에서 직접 확인(1회 시험은 8월말, 2회 시험은 다음 해 1월 말)
  ② 우편으로 수령 : 1회 시험은 10월초, 2회 시험은 다음 해 3월 초에 성적 증명서가 발송된다

이 책의 구성과 특징

문제

❶ 시험 전 준비물 체크

실제 시험과 같은 환경에서 응시할 수 있도록,
해답 용지와 필기도구, 청해 음성 등
테스트 전 필요한 것을 점검할 수 있도록 하였습니다.

❷ 다양한 청해 MP3 파일로 실전 감각 끌어 올리기

기본 버전, 고사장 소음 버전, 1.2배속 버전의
다양한 무료 MP3를 제공합니다. 복습에도 활용해 주세요.

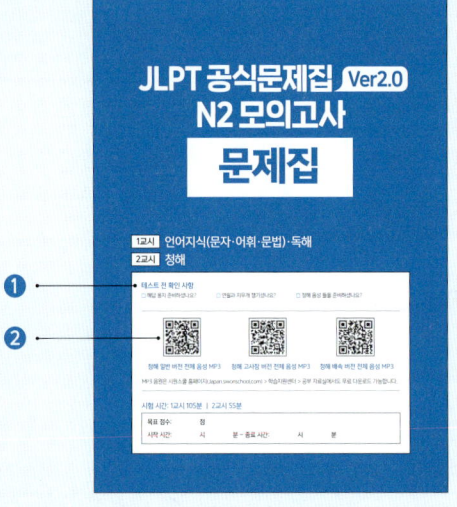

해설

❸ 친절하고 자세한 해설집 수록

모든 문제에 상세하고 전략적인 해설과
오답의 근거까지 제시하여 확실하게 이해하고 넘어
갈 수 있습니다.

청해 워크북

❹ 고득점이 보이는 청해 워크북

실력 향상을 위한 청해 워크북을 제공합니다.
반복적인 훈련을 통해 고득점에 대비할 수 있습니다.

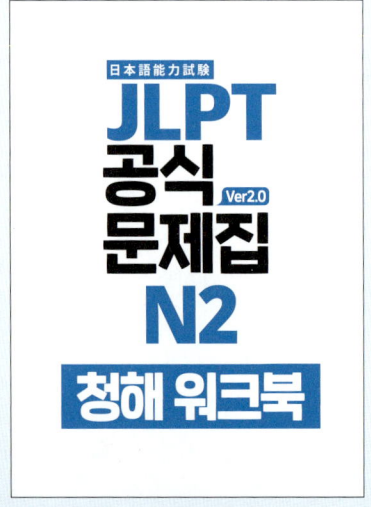

JLPT 공식문제집 Ver2.0
N2 모의고사
문제집

1교시 언어지식(문자·어휘·문법)·독해
2교시 청해

테스트 전 확인 사항
☐ 해답 용지 준비하셨나요?   ☐ 연필과 지우개 챙기셨나요?   ☐ 청해 음성 들을 준비하셨나요?

청해 일반 버전 전체 음성 MP3   청해 고사장 버전 전체 음성 MP3   청해 배속 버전 전체 음성 MP3

MP3 음원은 시원스쿨 홈페이지(Japan.siwonschool.com) > 학습지원센터 > 공부 자료실에서도 무료 다운로드 가능합니다.

시험 시간: 1교시 105분 | 2교시 55분

목표 점수: 점
시작 시간: 시   분 ~ 종료 시간: 시   분

Language Knowledge (Vocabulary/Grammar) •Reading

問題用紙

N2

言語知識 (文字・語彙・文法) • 読解
(105分)

注 Notes 意

1. 試験が始まるまで、この問題用紙を開けないでください。
   Do not open this question booklet until the test begins.

2. この問題用紙を持って帰ることはできません。
   Do not take this question booklet with you after the test.

3. 受験番号と名前を下の欄に、受験票と同じように書いてください。
   Write your examinee registration number and name clearly in each box below as written on your test voucher.

4. この問題用紙は、全部で33ページあります。
   This question booklet has 33pages.

5. 問題には解答番号の 1 、 2 、 3 … が付いています。解答は、解答用紙にある同じ番号のところにマークしてください。
   One of the row numbers 1, 2, 3 …is given for each question. Mark your answer in the same row of the answer sheet.

受験番号 Examinee Registration Number	
名前　Name	

問題1 ＿＿＿の言葉の読み方として最もよいものを、1・2・3・4から一つ選びなさい。

1 先生に貴重な資料を見せていただいた。
　　1　きじゅう　　2　きちょう　　3　きっじゅう　　4　きっちょう

2 その話を聞いて、とても怪しいと思った。
　　1　むなしい　　2　くやしい　　3　おかしい　　4　あやしい

3 佐藤(さとう)さんは容姿も性格もいい。
　　1　よし　　2　ようし　　3　ようす　　4　よす

4 これは危険を伴う実験だ。
　　1　はらう　　2　あつかう　　3　ともなう　　4　すくう

5 以前は、海外で暮らしたいという願望が強かった。
　　1　がんぼう　　2　げんぼう　　3　がんぼ　　4　げんぼ

問題2 ＿＿＿の言葉を漢字で書くとき、最もよいものを1・2・3・4から一つ選びなさい。

6　友人を家にまねいた。

　　1　伯いた　　　2　招いた　　　3　泊いた　　　4　召いた

7　この商品は安全性がほしょうされている。

　　1　補証　　　　2　保正　　　　3　保証　　　　4　補正

8　この企業では、さまざまなもよおしを行っている。

　　1　携し　　　　2　催し　　　　3　推し　　　　4　権し

9　銀行に行って、お札をこうかに替えた。

　　1　硬貨　　　　2　固貨　　　　3　硬価　　　　4　固価

10　わが社の商品はここでせいぞうされている。

　　1　製増　　　　2　制増　　　　3　制造　　　　4　製造

問題3 (　　)に入れるのに最もよいものを、1・2・3・4から一つ選びなさい。

11　男女の結婚(　　)の違いについて調べた。
　　1　観　　　　2　識　　　　3　念　　　　4　察

12　ここでは(　　)水準の医療が受けられる。
　　1　頂　　　　2　上　　　　3　高　　　　4　特

13　今日は大学の講義で日本(　　)の経営について学んだ。
　　1　状　　　　2　類　　　　3　式　　　　4　則

14　開封しても、(　　)使用の物は返品可能です。
　　1　外　　　　2　否　　　　3　前　　　　4　未

15　受験生なので、勉強(　　)の毎日だ。
　　1　漬け　　　2　浸し　　　3　溶け　　　4　満ち

問題4 （　　）に入れるのに最もよいものを、1・2・3・4から一つ選びなさい。

16 この大学では一般向けの講座を開き、社会に学習の場を（　　）している。
1　選出（せんしゅつ）　　2　提供（ていきょう）　　3　指示（しじ）　　4　寄付（きふ）

17 今年の夏は暑さ（あつさ）が厳しく、仕事から家に帰ると疲れて（　　）してしまう。
1　ぐったり　　2　しっかり　　3　すっきり　　4　ぎっしり

18 学生時代の友人が私の名前を忘れていたので、とても（　　）だった。
1　アウト　　2　ダウン　　3　ショック　　4　エラー

19 通路に荷物を置いたら、通る人の（　　）になりますよ。
1　面倒（めんどう）　　2　邪魔（じゃま）　　3　被害（ひがい）　　4　無理（むり）

20 少し長めの上り坂（のぼりざか）だったが（　　）ので、それほど疲れなかった。
1　おとなしかった　　　　　2　ささやかだった
3　なだらかだった　　　　　4　よわよわしかった

21 出席者は皆会議に積極的に参加し、意見を（　　）交換し合った。
1　活発に（かっぱつに）　　2　円満に（えんまんに）　　3　機敏に（きびんに）　　4　濃厚に（のうこうに）

22 列に並んでいたら、私の前に強引に（　　）きた人がいて、嫌な気分になった。
1　当てはまって　　2　付け加えて　　3　行き着いて　　4　割り込んで

問題5 ＿＿＿の言葉に意味が最も近いものを、1・2・3・4から一つ選びなさい。

[23] 高橋(たかはし)さんはとても愉快な人だ。

　　1　面白い　　　　2　おしゃれな　　3　親切な　　　　4　かわいい

[24] それは確かにやむをえないことだと思う。

　　1　もったいない　2　なさけない　　3　つまらない　　4　しかたない

[25] 少し息抜きしたほうがいいよ。

　　1　待った　　　　2　急いだ　　　　3　休んだ　　　　4　働いた

[26] 今日はとてもついていた。

　　1　気分が悪かった　　　　　　　　2　運が悪かった
　　3　気分がよかった　　　　　　　　4　運がよかった

[27] 私はつねに言葉遣い(ことばづかい)に気をつけている。

　　1　当然　　　　　2　いつも　　　　3　特に　　　　　4　できるだけ

問題6　次の言葉の使い方として最もよいものを、1・2・3・4から一つ選びなさい。

[28] 延長
1. 悪天候で列車が運転をやめたため、旅行の出発が三日後に延長された。
2. 初めの設計では2階建てだったが、3階建ての家に延長することにした。
3. 予定の時間内に結論が出ず、会議が1時間延長されることになった。
4. 電車の中で居眠りをして、降りる駅を一駅延長してしまった。

[29] さびる
1. 暑いところに生ものをずっと置いておいたら、さびて臭くなった。
2. 昨夜は雨が相当降ったらしく、普段はきれいな川の水がさびて濁っている。
3. 鉢に植えた植物に水をやるのを忘れていたら、花がさびてしまった。
4. この鉄の棒はずっと家の外に置いてあったので、さびて茶色くなっている。

[30] 目上
1. 勉強会に参加した社員がすべて目上だったので、新人の私はとても緊張した。
2. この店で一番値段が高く目上の商品は、店の奥にある棚に並べられていた。
3. 高校時代、鈴木さんはとても優秀で、成績はいつも学年で目上だった。
4. あの若さで金賞を受賞した伊藤さんは、本当に目上の人だと思う。

[31] 大げさ
1. 息子の誕生日に料理を作りすぎてしまい、大げさに余ってしまった。
2. 天気予報によると、明日は今日より大げさに気温が下がるらしい。
3. 努力した結果、試験の成績が大げさに伸びて、先生に褒められた。
4. あの人は小さなことを大げさに言うので、そのまま信じないほうがいい。

[32] 反省

1 発表の原稿を全部覚えたのに、緊張のせいでどんなに反省しても全く思い出せない。

2 今回の企画では、私の準備不足で周りに迷惑をかけたことをとても反省しています。

3 祖父はいつも若いころの思い出を懐かしそうに反省して私に話してくれる。

4 この機械の使い方を忘れないように、もう一度最初から反省しておきましょう。

問題7 次の文の( )に入れるのに最もよいものを、1・2・3・4から一つ選びなさい。

33 卒業論文がなかなか書けなくて、一時は（　　）かけたが、何とか今日無事に提出することができた。

1　あきらめ　　2　あきらめて　　3　あきらめる　　4　あきらめた

34 子どものころ、母（　　）作ったハンバーグが大好きで、よく作ってもらった。

1　の　　　　2　との　　　　3　によって　　　4　にとって

35 多様な情報があふれる現代社会（　　）、大切なのは、膨大な情報の中から、自分に必要な情報を選ぶ力である。

1　に加えて　　2　において　　3　を基にして　　4　を込めて

36 作文が得意な友達に「どうやったらうまくなれるの？」と聞いたら、「たくさん書けば（　　）うまくなるよ。」と言われた。

1　必ずしも　　2　たとえ　　　3　そのうち　　　4　さっき

37 看護師の仕事は夜勤もあって大変だが、自分でこの仕事を選んだ（　　）、がんばって続けたいと思う。

1　以上　　　　2　とたん　　　3　あげくに　　　4　かのようで

38 (内線電話で)
山田「はい、山田です。」
木村「受付の木村ですが、X社の中川様が（　　）。」
山田「わかりました。すぐ行きます。」

1　伺いました　　　　　　　　2　お目にかかりました
3　ございました　　　　　　　4　お越しになりました

39 人は一生のうちどのくらい寝ているのでしょうか。仮に一日8時間寝て、80歳まで生きる（　　）。すると、睡眠時間は約233,600時間で、約27年寝ている計算になります。

1　となりました　　　　　　　　2　とします
3　とされていました　　　　　　4　と見られます

40 夢を語る（　　）誰でもできるが、実現させるのは簡単なことではない。

1　だけでは　　2　だけなら　　3　ためしか　　4　ためには

41 （説明書で）
エアコンを掃除するときは、安全上、必ずコンセントを（　　）してください。

1　抜いたことを　2　抜いたことが　3　抜いてからに　4　抜いてからは

42 私はスピーチが苦手なのに、今度友達の結婚パーティーでスピーチを（　　）、困っている。

1　しにくくて　　　　　　　　2　してほしくて
3　させてみたくて　　　　　　4　することになってしまって

43 せっかく、夕日がきれいなことで有名なA海岸に来たのに、急に雨が降り出した。どうも夕日は（　　）。

1　見えてもしかたない　　　　2　見られないことだった
3　見られそうにない　　　　　4　見えないことがあった

44 山川「中村くん、毎日ジョギング（　　）？」
中村「うん、そうなんだよ。」
山川「実は、ぼくもなんだよ。走るっていいよね。」

1　しない　　2　してもいい　　3　しちゃえば　　4　してるんだって

問題8　次の文の ＿★＿ に入る最もよいものを、1・2・3・4から一つ選びなさい。

(問題例)
　　あそこで ＿＿＿ ＿＿＿ ＿★＿ ＿＿＿ は山田さんです。

　　1　テレビ　　　2　見ている　　　3　を　　　　4　人

(解答のしかた)

1. 正しい文はこうです。

あそこで ＿＿＿ ＿＿＿ ＿★＿ ＿＿＿ は山田さんです。
1テレビ　3を　2見ている　4人

2. ＿★＿ に入る番号を解答用紙にマークします。

　　　　　　　　　(解答用紙)　　(例)　①　●　③　④

---

[45] 結婚生活を送る ＿＿＿ ＿＿＿ ＿★＿ ＿＿＿ 、相手への思いやりの気持ちを持つことだと思う。

　　1　うえで　　　2　といえば　　　3　大切か　　　4　何が

[46] 就職したときに ＿＿＿ ＿＿＿ ＿★＿ ＿＿＿ とうとう壊れたので、買い換えることにした。

　　1　ずっと　　　2　買って以来　　　3　かばんが　　　4　使っていた

47 登山には不思議な魅力がある。登っているときはこんなに ＿＿＿ ＿＿＿ ★ ＿＿＿ なぜかまた登りたくなる。

1　思うのに　　　　　　　　　2　二度としたくないと
3　苦しいことは　　　　　　　4　山を下りて何日かすると

48 彫刻家川村たけるが作る動物の彫刻作品は、形はシンプル ＿＿＿ ＿＿＿ ★ 生命力にあふれている。

1　動き出し　　　2　そうな　　　3　ながら　　　4　今にも

49 ビジネスで成功できる人とできない人との違いは、どんなに大変な状況でもあきらめずに ＿＿＿ ＿＿＿ ＿＿＿ ★ と思う。

1　かどうか　　　2　取り組める　　　3　にある　　　4　最後まで

問題9　次の文章を読んで、文章全体の内容を考ええて、50から、54の中に入る最もよいものを、1・2・3・4から一つ選びなさい。

以下は、雑誌のコラムである。

日本発のトイレマーク

　公衆トイレの入り口に描かれている男女の絵のマーク。そのマークがあれば、文字で「トイレ」と書かれていなくても、そこがトイレであることがわかる。世界のあちこちで使われているこのトイレマークが実は日本で生まれたものだということを、 50 。

　トイレマークが生まれたのは、1964年の東京オリンピックがきっかけだ。この東京オリンピックは、アルファベットを使わない国での初めての開催であったため、特に問題になったのが、言葉の壁だった。当時、日本国内の案内板は「お手洗い」などと日本語で書かれているものがほとんどだった。 51 、それでは世界90数か国から来日する選手たちに理解してもらえない。かといって、参加国すべての国の言葉で書くわけにもいかない。そこで、案内板作成者たちは、あらゆる国の選手が理解できるよう、絵で表すことを考えた。 52 、トイレマークなのだ。

　そのほかにも、食堂、シャワー、公衆電話等の施設や設備を表すマークや、水泳、バレーボール等の競技を表すマークも作られた。競技を表すマークは、この東京オリンピックで初めて全面的に導入され、高い評価を受けた。そして、その後のオリンピックでもデザインを変えながら毎回 53 。

　トイレマークに代表されるように、東京オリンピックをきっかけに日本で生まれたマークが、言葉の壁を越え、今や新たなコミュニケーション手段として、世界に広がっている。それは、あらゆる人にわかりやすくという思いが世界に届いた 54 。

50
1 ご存じなわけだ 2 ご存じだろうか
3 ご存じのようだ 4 ご存じだからだろう

51
1 それに 2 しかし 3 または 4 それどころか

52
1 作成者が理解したのは 2 日本で考えられたのが
3 ここに生み出したのは 4 こうして生まれたのが

53
1 使用されている 2 使用した点だ
3 使用していける 4 使用したいものだ

54
1 結果として表れるかもしれない 2 結果のはずだった
3 結果に違いない 4 結果でなければならなかった

問題10 次の(1)から(5)の文章を読んで、後の問いに対する答えとして最もよいものを、1・2・3・4から一つ選びなさい。

(1)

「ルール」はなぜあるのでしょうか？

スポーツを理解するために最初に確認しておきますが、〝スポーツは人間が楽しむためのもの〟です。これが出発点です。決して「世の中に無ければならないモノ」でもなければ、生きるためにどうしても「必要なモノ」でもありませんが、楽しむためのモノであり、その〝スポーツで楽しむ〟ために「ルール」があるのです。

そして、ルールのもとで勝敗を競いますが、このことが楽しくないのであれば、スポーツをする価値はありません。

(高峰修『スポーツ教養入門』岩波書店による)

55 筆者の考えに合うのはどれか。

1 ルールのないスポーツにも価値がある。
2 ルールはスポーツで楽しむためのものだ。
3 スポーツはルールを理解してから始めるべきだ。
4 スポーツを通して、ルールの重要さが理解できる

(2)

以下は、ある会社の社内文書である。

平成28年1月12日

社員各位

総務課長

暖房使用についてのお願い

　本格的な冬を迎え、暖房の使用が増加しており、12月の電気代は前月に比べて約30%増となりました。節電のため、室内温度は22度以下に設定するとともに、使用していない場所の暖房を切ること、退社時の切り忘れをなくすことなどを徹底してください。

　また、服装で調整するなど各自で工夫し、暖房に頼りすぎないようご協力をお願いいたします。

56　この文書を書いた、一番の目的は何か。

1　暖房の使用を減らす工夫について意見を求める。
2　暖房を使用せず、服装で調整することを求める。
3　暖房を無駄に使用しないことを求める。
4　暖房の温度を変更しないことを求める。

(3)

　実は「やりたいことをやる」ためには、シンプルに間近の目標を達成していくだけで十分だと思います。「いつか大きな仕事を成し遂げたい」と思っていても、実際にそれがどんなものかはわかりようがないし、本当に自分が望んでいるものが何なのかもわかりません。

　それより「目の前のやりたいこと」を見つけ、それに集中できるようなプログラムを組んでいけば、自然に「自分のやっていること」が「自分の望んでいること」に近づいていく可能性が高いような気がします。

(榊原英資『榊原式スピード思考力』幻冬舎による)

(注)　成し遂げる：達成する

[57]　筆者の考えに合うのはどれか。

1　「やりたいことをやる」には、大きな目標を立てることが大切だ。
2　「自分の望んでいること」を知れば、今何をすべきかがわかるようになる。
3　「自分のやっていること」が「自分の望んでいること」だと気づくことが大切だ。
4　「目の前のやりたいこと」を続ければ、それが「自分の望んでいること」になり得る。

(4)

以下は、コーヒー豆の販売会社から届いたはがきである。

189-6715

東京都橋谷市南 3-15-8-302

マリア・スミス様

―――― 割引フェアのご案内 ――――

　いつも「野田コーヒー」をご愛飲くださいまして、ありがとうございます。
　コーヒー豆を定期購入されているお客様に、お得な割引フェアについてご案内いたします。
　当社ではこの冬、新商品「冬の味わい」を発売します。定期購入をされているお客様には、この商品を15%割引の特別価格でご提供いたします。購入を希望される方は、10月中にご予約ください。
　なお、すでにご案内しておりますとおり、定期購入をされているお客様は、その他の全商品がいつでも10%割引でお求めいただけます。あわせてご利用ください。
　商品の詳細・ご注文方法につきましては、裏面をご覧ください。

[58] このはがきで紹介されている割引サービスについて正しいものはどれか。

1 コーヒー豆を定期購入している人は、10月中だけ「冬の味わい」を10%割引で買うことができる。
2 コーヒー豆を定期購入している人が10月中に「冬の味わい」を予約すれば、15%割引で買うことができる。
3 「冬の味わい」を10月中に予約すれば、その他の商品をすべて15%割引で買うことができる。
4 「冬の味わい」を買った人は、10月中だけその他の商品をすべて10%割引で買うことができる。

(5)

　どういう日が「いい一日」であるかは人によって異なるだろうが、日記を書き続けることで、自分にとっての「いい一日」というものの構成要件(注)がわかってくる。どうすれば「いい一日」になるかがわかってくるということだ。そうなれば「いい一日」がたまたま訪れるのをただ待つのではなく、「今日」が「いい一日」になるように、「今日はいい一日だった」と日記に書けるように、主体的に行動するようになるだろう。

　　　　　　　　　　(大久保孝治『日常生活の探究―ライフスタイルの社会学』左右社による)

(注)　構成要件：構成するのに必要な条件

59　筆者によると、日記を書き続けるとどうなるか。

1　毎日を「いい一日」にしようとするようになる。
2　毎日が「いい一日」だと思えるようになる。
3　「いい一日」が訪れるのを楽しみにするようになる。
4　「いい一日」をいつまでも忘れないようになる。

問題11　次の(1)から(3)の文章を読んで、後の問いに対する答えとして最もよいものを、1・2・3・4から一つ選びなさい。

(1)

　日本ではよく、「若者はもっと個性を発揮(はっき)すべきだ」とか、「個性を磨(みが)くべきだ」などと言われます。けれど私は、そういう言葉にはあまり意味がないと思っています。
　また、日本では「個性」という言葉が主に人の外観に関して使われることにも、私は違和感(注1)を持っています。たとえば、「個性的なファッション、個性的なヘアスタイル」は、「人がアッと驚くような奇抜(きばつ)なスタイル(注2)」であることが多いでしょう。
　(中略)
　このように考えると、「個性＝人より目立つこと」と、多くの人が錯覚(さっかく)(注3)しているのではないかと思います。
　でも、根本的なことを言ってしまえば、この世に生まれた人間は一人残らず全員、それぞれの個性を持っています。だから、誰(だれ)かに「磨(みが)きなさい」と命令されて、義務のように磨く必要などないのです。
　あなたが生まれ持った個性は、明らかにあなただけのものです。世界中に、あなたと同じ個性を持つ人など誰(だれ)一人としていないのですから、「他の人はどうかな？」とキョロキョロすることは不必要だし、他人の真似(まね)をする必要もありません。真似(まね)しようとしても真似(まね)できないのが、個性というものなのです。
　あなた自身が「楽しい、面白い、不思議だ、ワクワクする、ドキドキする」と感じ、心から求めているものを優先すれば、それでいいのです。「磨(みが)く」とか「発揮(はっき)する」などと意識しなくても、自分が本当に好きなもの、興味があることに気持ちが向かっていけば、自分の世界がどんどん広がっていく。それが<u>本当の意味で「個性を磨(みが)く」</u>ということです。

(今北純一『自分力を高める』岩波書店による)

(注1)　違和感：ここでは、なにか違うという感じ
(注2)　奇抜(きばつ)な：珍(めず)しくて目立っている
(注3)　錯覚(さっかく)する：勘違(かんちが)いする

60　日本人が使う「個性」という言葉について、筆者はどのように述べているか。

1　本来の意味とは違う使い方がされている。
2　意味がないと思っている人が多い。
3　主に若者に対して使われている。
4　人によって使い方がさまざまだ。

61　個性について、筆者の考えに合うものはどれか。

1　他人には理解できないものである。
2　人より目立つことで発揮(はっき)できるものである。
3　人間なら誰(だれ)でも持っているものである。
4　ファッションを通して主張できるものである。

62　筆者によると、本当の意味で「個性を磨(みが)く」とはどのようなことか。

1　自分の心に従って、関心があることを追い求めること
2　自分が好きかどうかより、個性的に見られるかどうかを優先すること
3　周囲の意見を参考に、無理なく自分の世界を広げること
4　どんな物事にも、楽しさや面白さを見つける努力をすること

(2)

　「話し言葉」の最も重要な特徴は、声を使うところにあるのではなく、聞き手が目の前にいるというところにあります。話し手と聞き手は、親しい関係の場合もあれば、初対面の人、行きずりの人(注1)の場合もありますが、少なくとも両者は、そこがどんな場所で、どんな状況であるかについて、一定の共通認識(注2)を持っています。同時に、相手がどういう人であるかについても、ある程度はわかります。

　（中略）

　ところが「書き言葉」になると、たとえ親しい相手への手紙でも、あちこちで説明が必要になります。自分しか読まないはずの覚え書きでも、時間がたつと書かれた状況がわからなくなりますから、「あとで読み返すかもしれない自分」への最低限の配慮(注3)はしておかなくてはなりません。説明するというのは、「自分には言葉にしなくてもわかっていること」を、わざわざ言葉にする作業ですから、とてもやっかいです。でも、そこがきちんとできていないと、誤解が生じて取り返しのつかない(注4)結果になることもありえます。面とむかって(注5)の話なら、相手が気を悪くすれば急いで謝ることもできますが、手紙だと、怒らせたことに気づかないまま関係が切れる恐れすらあるのです。

　ですから、「書き言葉」においては、文字の読み書きという知識に加えて、自分が書いたものを読む相手がどんな情報を必要としているかを推測する(注6)力、そして、その情報を、どんな言い方、どんな順序で提供すれば、わかってもらいやすく、誤解が生じにくいかを考える力が、いかに(注7)大きな意味を持つかがわかっていただけると思います。

（脇明子『読む力が未来をひらく－小学生への読書支援』岩波書店による）

(注1)　行きずりの人：たまたま出会った人
(注2)　認識：理解
(注3)　配慮：気配り
(注4)　取り返しのつかない：もとに戻せず大変な
(注5)　面とむかって：対面して
(注6)　推測する：ここでは、想像する
(注7)　いかに：どんなに

[63] 筆者によると、「話し言葉」の重要な特徴とは何か。

1 話し手と聞き手が声を使って情報を共有するところ
2 話し手と聞き手の関係が多様であるところ
3 話し手が聞き手との親しさによって表現を使い分けるところ
4 話し手が聞き手と場面を共有するところ

[64] 誤解が生じてとあるが、どのような時に誤解が生じるのか。

1 読み手に必要な情報を十分に説明していない時
2 読み手が理解していることを再び説明してしまった時
3 自分のために書いたものを相手に送ってしまった時
4 気を悪くした相手にきちんと謝らなかった時

[65] 「書き言葉」について、筆者の考えに合うのはどれか。

1 相手がどのような情報を必要としているのかを調べることが大切だ。
2 何をどのように書けば相手が理解できるかを考えることが大切だ。
3 言い方や順序よりも文字と言葉の正確さを優先させたほうがいい。
4 読み書きの知識よりも書く内容を重視したほうがいい。

(3)

　従来、旅行業にとって顧客を喜ばせることは難しくなかった。自分の行ったことがないところに行きたい、見たことがないものを見たい、食べたことのないものを食べたいというのが主なニーズであったし、長い休みの存在自体が旅行の動機になり得たからだ。だから参加者の多くは、そこに行って、そこそこの観光ができれば、十分に満足した。旅行会社は、価格を抑えるために人々を大量に効率良く送客すればよかった。北海道や沖縄、グアムやハワイ、アジアのリゾート地……場所の魅力を繰り返し伝えて刺激し続ければそれでよかった。

　しかし、そうして多くの人がさまざまな場所に出掛けるようになると、今度はただ行くだけでは満足しなくなる。目的が必要になる。行ってどうするのか、何ができるのかという目的が重要になる。(中略)

　この流れは現在も続いており、旅の動機づけとしては重要な視点となっている。ただ、残念ながらそういうことをマスとしてとらえることが、価値観の多様化のなかで難しくなってきている。個々の目的を一つに束ねてマスの企画にすることが難しいのだ。ブームが発生しづらくなっている状況と原因は同じであろう。

(近藤康生『なぜ、人は旅に出るのか』ダイヤモンド社による)

(注1)　従来：これまで
(注2)　顧客：客
(注3)　そこそこの：まあまあの
(注4)　効率良く：ここでは、経費や時間をかけずに
(注5)　マス　：集団

[66] 筆者によると、これまでの旅はどのようなものだったか。

1　高くても遠い場所でのんびり過ごせればよかった。
2　経験したことのないことができればよかった。
3　気に入った場所に繰り返し行ければよかった。
4　近くて安い場所に短期間行ければよかった。

[67] 筆者によると、客は旅で何を重視するようになってきたか。

1　一回の旅行でさまざまな場所へ行けるかどうか
2　観光するだけで満足できるかどうか
3　行ってしたいことができるかどうか
4　新しい場所へ行けるかどうか

[68] 筆者によると、旅行会社が難しいと感じている点は何か。

1　個々のニーズに合った団体旅行を考え出すこと
2　魅力を感じてもらえる場所を探し続けること
3　旅行に行こうという気持ちにさせること
4　価格を抑えた団体旅行を企画すること

問題12 次のAとBの文章を読んで、後の問いに対する答えとして最もよいものを、1・2・3・4から一つ選びなさい。

A

　公立の図書館では、利用者へのサービス向上のために、人気の高い本を複数冊置くことが増えている。本が複数冊あれば、同時に多くの利用者に貸し出せて、予約待ちの期間も短くできる。

　このような図書館の姿勢に対して、予算は限られているのだから買える本の種類が少なくなってしまうのではないかと心配する声もある。しかし、借りたい本がなかなか借りられない図書館では利用者は満足しないだろう。公立の図書館は、多くの人々に読書のきっかけを与え、本を読む楽しさや喜びを感じてもらうようにする役割を持っている。図書館に同じ本を複数冊置くことは、その役割を果たすための一つの方法だといえる。

B

　最近公立の図書館では人気の高い本を複数購入(こうにゅう)しているそうだ。有名な作家の小説などが対象らしい。流行の本を早く読みたいという利用者の希望に応えようとする図書館の気持ちは理解できる。しかし、どうしても早く読みたければ自分で買えばいいのだから、図書館がそのために多くの予算を使う必要はない。

　税金で運営されている公立図書館の存在意義は、学問的に価値のある本や手に入りにくい本など、さまざまな種類の本を一冊でも多くそろえていることだ。書店にない本でも図書館に行けば読めるというのが本来の姿だろう。同じ本を多く買うことによってその役割が果たせなくなったら、利用者に対するサービスの低下につながるといえる。

[69] 公立図書館が人気のある本を複数冊置くことについて、AとBはどのように述べているか。

1　AもBも、利用者の希望を重視しすぎていると述べている。
2　AもBも、利用者へのサービス向上につながると述べている。
3　Aは予算が足りなくなると述べ、Bは図書館の存在意義が失われると述べている。
4　Aは利用者の満足度が高くなると述べ、Bは予算の使い方として適切でないと述べている。

[70] 公立図書館の役割について、AとBはどのように述べているか。

1　AもBも、利用者の教養を高めることだと述べている。
2　AもBも、読書が好きな人を増やすことだと述べている。
3　Aは利用者に読書に親しんでもらうことだと述べ、Bは貸し出す本の多様性を確保することだと述べている。
4　Aは利用者が読書を楽しめる環境を作ることだと述べ、Bは書店よりも新しい本をそろえることだと述べている。

問題13 次の文章を読んで、後の問いに対する答えとして最もよいものを、1・2・3・4から一つ選びなさい。

以下は、あるデザイナーの書いた文章である。

　私のアイディアのもとは、自分の生きてきた道の中にすべて詰まっているのだ、というふうに思っています。いままで生きてきた中で、感動したことを現代に持ち帰ってくる。過去の中で感動したことをコピーして、それをデザインしているのです。アイディアはいつも人から、時代からもらう。自分で考え出すことは少ないのです。
　私は、感動したときのシーンはよく覚えています。色も匂いも形も光も季節も、そのときの景色も、そのときその場に誰がいたかも、何を食べたかも、思い出の中に鮮明に刻み込まれています。感動すると、それくらい記憶装置が自動的に働いて、すべてを映し込んでいるのです。

　(中略)

　中学の頃のこと、高校のあのとき、社会人になったときのこと、妻と旅をしたときの情景などいろいろなシーンが思い出されて、それを遡って切り取りにいくわけです。
　けれどもそれが、もやーっとしたものだと切り取れない。なぜ、もやーっとするかと言えば、心の底から感動していないからです。しっかり感動していないと、持ち帰れないのです。
　感動は、自分の力だけでなく、親の力だったり、友だちの力だったり、ほかの人の力によってもつくられています。子どものときから大事に育てられたとか、自分を包んでくれる街がきちっと大人たちによって美しく保たれていたとか、そういう周囲の力でつくられている場合もあるわけです。
　そうした感動の思い出を大切に持ち帰ってきて、いまあるものとコラボレーションすると、新商品が生まれます。そういう意味では、まるっきりの新商品なんてあり得ません。アイディアはいつも、そんな過去の「感動の森」の中から探し出してくるものなのです。
　いい思い出がたくさんあるかどうか、いい人に会ったかどうか、美味しいものを食べたかどうか。そういうヒト・コト・モノとのよき思い出の引き出しをどれだけ持っているかによって、アイディアの湧き出る量は変わるのです。

(水戸岡鋭治『あと1%だけ、やってみよう—私の仕事哲学』集英社インターナショナルによる)

(注1) もやーっとした：はっきりしない
(注2) コラボレーションする：ここでは、組み合わせる
(注3) まるっきりの：全くの
(注4) 湧き出る：ここでは、生まれてくる

[71] 感動したことを現代に持ち帰ってくるとは、どのようなことか。

1　感動したシーンを人に語る。
2　感動した記憶をデザインに生かす。
3　過去に流行したデザインをコピーする。
4　人が感動したことからデザインのヒントをもらう。

[72] 感動について、筆者の考えに合うのはどれか。

1　感動は周囲の力でしかつくられない。
2　感動したことは年を取るにつれて思い出せなくなる。
3　周囲の力でつくられた感動は記憶に残りやすい。
4　心の底から感動したことは鮮明な思い出となる。

[73] アイディアについて、筆者はどのように考えているか。

1　記憶力が強いほど、アイディアが生まれやすくなる。
2　他人の力を上手に利用することで、アイディアが商品につながる。
3　感動した思い出が豊富であるほど、多くのアイディアが生まれる。
4　感動をヒト・コト・モノに分けて考えると、いいアイディアが生まれる。

問題14　右のページは、あるホテルのホームページに載っている案内である。下の問いに対する答えとして最もよいものを1・2・3・4から一つ選びなさい。

[74] ユンさんは、来週ミハマホテルのビュッフェに行きたいと考えている。金曜か土曜の12時から17時の間で、2時間いられるものがいい。ユンさんの希望に合うビュッフェはどれか。

1　「ベルン」のランチビュッフェ
2　「ベルン」のデザートビュッフェ
3　「ベルン」の夕食ビュッフェ
4　「みよし」のランチビュッフェ

[75] エンリケさんは、今度の土曜日に妻と一緒にレストラン「ベルン」の夕食ビュッフェに行き、「窓際特別テーブル」を利用したい。エンリケさんは63歳、妻は66歳である。エンリケさんたちの料金はどのようになるか。

1　エンリケさん6,000円、妻6,000円のみ
2　エンリケさん6,000円、妻6,000円、テーブル料金1,000円
3　エンリケさん6,000円、妻5,500円、テーブル料金1,000円
4　エンリケさん5,500円、妻5,500円、テーブル料金1,000円

ミハマホテル

ビュッフェのご案内

レストラン「ベルン」および「みよし」では、以下のビュッフェをご用意しております。お好みの料理を食べ放題でお楽しみください。

ベルン(洋食)

◆ ランチ　　11:30〜14:00 (制限時間90分)

料金		
(平日)	おとな3,300円　シニア3,000円　こども1,700円	
(土日・祝日)	おとな4,000円　シニア3,700円　こども2,000円	

◆ デザート　15:00〜17:00 (制限時間60分)

料金		
(平日)	おとな2,500円　シニア2,200円　こども1,500円	
(土日・祝日)	おとな3,000円　シニア2,700円　こども1,800円	

◆ 夕食　　　18:00〜21:00 (制限時間2時間)

料金		
(平日)	おとな5,500円　シニア5,000円　こども2,000円	
(土日・祝日)	おとな6,000円　シニア5,500円　こども2,500円	

"窓際特別テーブル"のご案内

　レストラン「ベルン」では、海が見渡せる窓際の特別席をご用意しております。最高の眺めとともにビュッフェをお楽しみください。ビュッフェ料金に、1テーブル(2〜4名様) 1,000円の追加料金でご利用いただけます。

みよし(和食)

◆ ランチ　　11:00〜16:00 (制限時間2時間)
　　土日・祝日のみ
　　料金　　おとな4,500円　シニア4,200円　こども2,200円

※ ビュッフェ料金の区分について(ベルン・みよし共通)
　　おとな…中学生から64歳までのお客様
　　シニア…65歳以上のお客様
　　こども…4歳から小学生までのお子様(3歳以下のお子様は無料です。)

ご予約・お問い合わせ

ベルン 031-277-1116(直通) ／ みよし 031-277-1119(直通)

Listening

問題用紙

N2
聴解
(50分)

注意 Notes

1. 試験が始まるまで、この問題用紙を開けないでください。
   Do not open this question booklet until the test begins.

2. この問題用紙を持って帰ることはできません。
   Do not take this question booklet with you after the test.

3. 受験番号と名前を下の欄に、受験票と同じように書いてください。
   Write your examinee registration number and name clearly in each box below as written on your test voucher.

4. この問題用紙は、全部で13ページあります。
   This question booklet has 13pages.

5. この問題用紙にメモをとってもかまいません。
   You may make notes in this question booklet.

受験番号 Examinee Registration Number	
名前 Name	

問題1

問題1では、まず質問を聞いてください。それから話を聞いて、問題用紙の1から4の中から、最もよいものを一つ選んでください。

例

1 先生にメールで聞く
2 友達にメールで聞く
3 研究室の前のけいじを見る
4 りょうの前のけいじを見る

1番

1　先週の会議の記録を作成する
2　調査結果を入力する
3　林さんに電話をする
4　プレゼンのしりょうを作成する

2番

1　2000円
2　1000円
3　900円
4　100円

3番

1 ちゅうりんじょうで張り紙を見る
2 大学でしんせいしょのじゅんびをする
3 市役所にしんせいしょを取りに行く
4 市役所でがくせいしょうをコピーする

4番

1 インターネットで店をさがす
2 木村さんに道具を借りる
3 アウトドア用品の店で道具を買う
4 初心者向けのこうざに参加する

5番

1 工場の　かんりのじょうきょうを　調べる
2 けいやくのうかに　じょうきょうを聞く
3 運送会社にじょうきょうを聞く
4 そうこの　ほぞんじょうきょうを　調べる

問題2

問題2では、まず質問を聞いてください。それから問題用紙のせんたくしを読んでください。読む時間があります。それから話を聞いて、問題用紙の1から4の中から、最もよいものを一つ選んでください。

例

1　友達とけんかしたから
2　かみがたが気に入らないから
3　試験があるから
4　頭が痛いから

1番

1 近所で起こった事件について調べるため
2 さいがい時のひなん場所を知らせるため
3 どこにだれが住んでいるのか知るため
4 たんとうちいきの住民にあいさつするため

2番

1 きんちょうして落ち着きがなかったこと
2 話の進め方が適当でなかったこと
3 声が小さくて聞き取りにくかったこと
4 質問への対応がよくなかったこと

3番

1 スタッフの数がそろっていないから
2 店の工事が間に合わないから
3 メニューが決まっていないから
4 注文した食器がとどいていないから

4番

1 考え事をするため
2 頭の中を整理するため
3 のうを休めるため
4 体をリラックスさせるため

5番

1 すぐに社会に役立つ研究が少ないこと
2 産業界の協力が得られなくなること
3 実用化までに時間がかかりすぎること
4 きそ研究がじゅうしされなくなること

6番

1 電気をつけておく時間が設定できる
2 動くものに反応して電気がつく
3 電気の明るさが細かくちょうせつできる
4 外の明るさに応じて電気の明るさが変わる

問題3

問題3では、問題用紙に何もいんさつされていません。この問題は、全体としてどんな内容かを聞く問題です。話の前に質問がありません。まず話を聞いてください。それから、質問とせんたくしを聞いて、1から4の中から、最もよいものを一つ選んでください。

－ メモ －

問題4

問題4では、問題用紙に何もいんさつされていません。まず文を聞いてください。それから、それに対する返事を聞いて、1から4の中から、最もよいものを一つ選んでください。

― メモ ―

問題5

問題5では、長めの話を聞きます。この問題には練習はありません。
問題用紙にメモをとってもかまいません。

1番、2番

問題用紙に何もいんさつされていません。まず話を聞いてください。それから、質問とせんたくしを聞いて、1から4の中から、最もよいものを一つ選んでください。

— メモ —

3番

まず話を聞いてください。それから、二つの質問を聞いて、それぞれ問題用紙の1から4の中から、最もよいものを一つ選んでください。

質問1

1 北中通り
2 大川通り
3 上田通り
4 山下通り

質問2

1 北中通り
2 大川通り
3 上田通り
4 山下通り

日本語能力試験

JLPT
공식
문제집
Ver2.0
N2

정답 및 해설

正答表

● 言語知識（文字・語彙・文法）・読解

問題1

1	2	3	4	5
2	4	2	3	1

問題2

6	7	8	9	10
2	3	2	1	4

問題3

11	12	13	14	15
1	3	3	4	1

問題4

16	17	18	19	20	21	22
2	1	3	2	3	1	4

問題5

23	24	25	26	27
1	4	3	4	2

問題6

28	29	30	31	32
3	4	1	4	2

問題7

33	34	35	36	37	38	39	40	41	42	43	44
1	1	2	3	1	4	2	2	3	4	3	4

問題8

45	46	47	48	49
3	4	1	2	3

問題9

50	51	52	53	54
2	2	4	1	3

問題10

55	56	57	58	59
2	3	4	2	1

問題11	60	61	62	63	64	65	66	67	68
	1	3	1	4	1	2	2	3	1

問題12	69	70
	4	3

問題13	71	72	73
	2	4	3

問題14	74	75
	4	3

●聴解

問題1	例	1	2	3	4	5
	3	1	2	2	4	3

問題2	例	1	2	3	4	5	6
	2	3	2	1	2	4	1

問題3	例	1	2	3	4	5
	4	2	1	3	1	2

問題4	例	1	2	3	4	5	6	7	8	9	10
	1	2	3	2	1	3	1	2	2	2	1
	11	12									
	1	3									

問題5	1	2	3	
			(1)	(2)
	3	1	3	1

1교시　언어지식(문자·어휘)　　　　　　　　　　　　　　　　　　　　　　p17

> **問題1 / 문제1**　＿＿＿の言葉の読み方として最もよいものを、1・2・3・4から一つ選びなさい。
> ＿＿＿의 단어 읽는 법으로서 가장 적당한 것을 1・2・3・4에서 하나 고르시오.

1　정답 **2**　　　　　　　　　　　　　　　　　　　　　　　　　　　　　품사 ▶ な형

> 先生に貴重(きちょう)な資料(しりょう)を見(み)せていただいた。
>
> 선생님에게 귀중한 자료를 보여 받았다.

해설　「무거울 중 重」은 음독으로 「じゅう」 또는 「ちょう」라고 읽는다. N3 레벨에서는 「重い(무겁다)」, 「重ねる(겹치다)・重なる(겹쳐지다)」와 같은 훈독 읽는 법과 의미를 묻는 문제가 많이 출제되나, N2 레벨에서는 음독 중에서도 「ちょう」로 읽는 단어들이 많이 출제된다. 「귀할 귀 貴」를 음독으로 읽을 때는 촉음이나 장음이 없다는 점에도 유의하자.

오답　1 機銃(きじゅう)(기총)　　4 吉兆(きっちょう)(길조)

빈출　貴金属(ききんぞく)(귀금속) | 貴社(きしゃ)(귀사, 상대편 회사의 높임말) | 貴い(とうとい)(고귀하다, 존귀하다) | 鄭重(ていちょう)(정중) | 重大(じゅうだい)(중대)

어휘　資料(しりょう)(자료) | 貴重(きちょう)(귀중) | 見(み)せる(보이다) | ~ていただく(~해 주시다)

2　정답 **4**　　　　　　　　　　　　　　　　　　　　　　　　　　　　　품사 ▶ い형

> その話(はなし)を聞(き)いて、とても怪(あや)しいと思(おも)った。
>
> 그 이야기를 듣고, 매우 수상하다고 생각했다.

해설　N2 레벨 한자 읽기에 출제되는 い형용사 단어는 한정되어 있으니, N2 레벨에서 추가되는 い형용사의 한자는 반드시 체크해 두는 것이 좋다. 「괴이할 괴 怪」는 음독으로는 「かい」라고 읽고, 훈독으로는 「怪(あや)しい(수상하다)・怪(あや)しむ(수상하게 여기다)」라고 읽는다.

오답　1 空(むな)しい(허무하다, 공허하다)　2 悔(くや)しい(분하다)　3 可笑(おか)しい(이상하다, 우습다)

빈출　険(けわ)しい(험악하다) | 著(いちじる)しい(현저하다) | 憎(にく)い(밉다) | 乏(とぼ)しい(궁핍하다, 모자라다) | 偉(えら)い(대단하다, 훌륭하다) | 幼(おさな)い(어리다, 미숙하다)

어휘　とても(매우, 몹시) | 怪(あや)しい(수상하다)

3 정답 2 　　　　　　　　　　　　　　　　　　　　　　　　　　품사 ▶ 명사

佐藤さんは容姿も性格もいい。

사토 씨는 용모도 성격도 좋다.

해설 한자 읽기 파트에서 장음의 유무를 묻는 문제는 자주 출제되는 패턴이나, 헷갈리기 쉬운 장음이 있는 단어를 미리 정리해 두면 좋다. 「얼굴 용 容」은 음독으로만 읽으며, 「よう」로 장음 유무를 묻는 문제로 자주 출제되는 단어이다. 「모양 자 姿」는 음독으로는 「し」 훈독으로는 「すがた」로 읽는다.

오답 1 由(연유, 까닭)　3 様子(모양, 모습)　4 止す(그만두다, 중지하다)

빈출 油断(유단) | 幼稚な(유치한) | 姿勢(자세) | 要求(요구) | 相互(상호)

어휘 容姿(용모, 얼굴 모양과 몸매) | 性格(성격)

4 정답 3 　　　　　　　　　　　　　　　　　　　　　　　　　　품사 ▶ 동사

これは危険を伴う実験だ。

이것은 위험을 동반한 실험이다.

해설 한자 읽기 파트에서 이전에 출제된 적이 있는 단어는 꼭 체크해 두는 것이 좋다. 「짝 반 伴」은 음독으로는 「はん・ばん」으로 읽고, 훈독으로는 「伴う」라고 읽는다.

오답 1 払う(지불하다)　2 扱う(다루다, 취급하다)　4 救う(구하다, 구조하다)

빈출 触れる(닿다, 접촉하다) | 除く(빼다, 없애다) | 占める(차지하다, 점하다) | 劣る(뒤떨어지다, 낮다) | 抱える(안다, 책임지다, 떠안다)

어휘 危険(위험) | 伴う(동반하다) | 実験(실험)

5 정답 1 　　　　　　　　　　　　　　　　　　　　　　　　　　품사 ▶ 명사

以前は、海外で暮らしたいという願望が強かった。

이전은 해외에서 생활하고 싶다는 희망이 강했다.

해설 「원할 원 願」은 음독으로는 「がん」으로 읽고, 훈독으로는 「願う」라고 읽는다. 「願望」는, "원하고 바라는 것"이라는 의미로, 한국어와 사용법이 다르거나 의미가 다른 단어는 따로 정리해 두는 것이 좋다.

오답 4 原簿(원부, 원래 장부)

빈출 賛否(찬반) | 介護(개호) | 世間(세상, 세간) | 腕(실력, 기량)

어휘 以前(이전) | 海外(해외) | 暮らす(지내다, 살다, 거주하다)

問題2	＿＿の言葉を漢字で書くとき、最もよいものを1・2・3・4から一つ選びなさい。
문제2	＿＿의 단어를 한자로 쓸 때, 가장 좋은 것을 1・2・3・4에서 하나 고르시오.

6 | 정답 2 | 품사 ▶ 동사

友人を家にまねいた。

친구를 집에 초대했다.

해설 표기 파트는 한자나 어휘의 정확한 의미를 묻는 문제가 많이 출제된다. 문맥에 따라 다르게 사용하는 한자들은 특히 주의해서 체크해 두면 좋다. 「招く」는 '손님 등을 초대하다'는 의미가 있다. 1번 「伯」는 동사로 쓰이지 않으며, 4번 「召」는 훈독으로 「召す(부르다)」로 읽는다. 잘 모르는 단어가 있을 경우에는 「召し上がる(드시다)」와 같이, 알고 있는 단어에서 의미를 유추해 보는 것도 좋다.

오답 1 伯(백작) 3 泊まる(머물다, 숙박하다) 4 召す(부르다)

빈출 誘う(권유하다, 유혹하다) | 訪れる(방문하다, 찾아오다) | 破れる(찢어지다, 깨지다) | 逆らう(거역하다, 역행하다)

어휘 友人(친구, 지인) | 招く(초대하다, 초빙하다)

7 | 정답 3 | 품사 ▶ 명사

この商品は安全性がほしょうされている。

이 상품은 안전성이 보증되어 있다.

해설 「保障(보장)」은 '잘못이 없다는 것을 약속하고, 확실하다고 책임을 진다'는 의미이며, 「保証(보증)」은 '튼튼하다는 책임을 지는 것'이라는 의미가 있다. 또한 「補償(보상)」은 '손실을 메꾸고 배상하는 것'이라는 의미가 있다. 동일한 음으로 읽는 한자의 의미는 확실하게 기억해 두자. 1번, 2번은 사용하지 않는 한자이다.

오답 4 補正(보정)

빈출 変更(변경) | 福祉(복지) | 破片(파편) | 勧誘(권유)

어휘 商品(상품) | 安全性(안전성) | 保証(보증)

8 정답 2

この企業では、さまざまな<u>もよおし</u>を行っている。

이 기업에서는 여러 <u>행사</u>를 개최하고 있다.

품사 명사

해설 「もよおし」에는 '행사, 이벤트'라는 의미가 있으며 「催し」라고 표기한다. 「밀 추 推」에는 「推す」 '밀다, 추천하다, 미루어 짐작하다'라는 의미가 있다. 비슷하게 생긴 한자의 뜻을 확실하게 암기해 두자.

오답 1 携わる(관여하다, 종사하다) 携える(휴대하다, 손에 들다)   3 推す(추천하다, 헤아려 짐작하다)   4 権(~권, 권리)

빈출 頼り(의지, 연분) | 迎え(맞이, 마중) | 備え(대비, 준비, 경계)

어휘 企業(기업) | さまざま(여러가지, 각양각색) | 行う(행하다, 시행하다)

9 정답 1

銀行に行って、お札を<u>こうか</u>に替えた。

은행에 가서, 지폐를 <u>동전</u>으로 바꿨다.

품사 명사

해설 「こうか」는 '동전, 코인'이라는 의미이며 「硬貨」라고 표기한다. 한자를 직역해서 '단단한(딱딱한) 화폐'라고 기억해 두는 것도 좋다. 문장을 차분히 읽으면, 밑줄 부분은 문맥상 '화폐나 동전'이라는 것을 알 수 있으므로, 선택지 2번과 4번을 소거할 수 있다. 이와 같이 모르는 단어가 나왔을 때에는, 문맥상 의미를 파악해서 관련 없는 단어를 소거해 나가며 정답을 고르면 된다. 「굳을 고 固」는 음독으로 「こ」라고 읽는다.

빈출 警備(경비) | 批判(비판) | 混乱(혼란) | 組織(조직)

어휘 銀行(은행) | 札(지폐) | 替える(바꾸다, 교체하다)

10 정답 4

わが社の商品はここで<u>せいぞう</u>されている。

우리 회사 상품은 여기에서 <u>제조</u>되고 있다.

품사 명사

해설 「せいぞう(제조)」는 '원료를 가공하여 상품으로 만드는 것'이라는 의미가 있으며 「製造(제조)」라고 표기한다. 일본어에서는 「制造」라는 한자는 사용하지 않으니, 주의하자. 1번, 2번, 3번 모두 일본어에서는 사용하지 않는 단어이다.

빈출 討論(토론) | 領収(영수) | 精算(정산) | 住居(주거)

어휘 わが社(우리 회사) | 製造(제조)

問題3 （　）に入れるのに最もよいものを、1・2・3・4から一つ選びなさい。
문제3 （　）에 넣는데 가장 적당한 것을 1・2・3・4에서 하나 고르시오.

11 정답 1

男女の結婚（観）の違いについて調べた。

남녀 결혼(관)의 차이에 대해서 조사했다.

해설 단어형성 파트는 최근에 5문제에서 3문제로 출제 비중이 줄었는데, 출제되는 접두어나 접미어가 한정되어 있으니, 자주 출제되는 접두어나 접미어를 단어와 함께 기억해 두면 좋다. 한국어와 비슷하게 사용되는 접두어나 접미어가 많으니, 한국어와 다르게 사용되는 경우만 따로 정리해 두자. 「~観(관)」은 '어떤 것에 대한 생각, 견해'라는 의미를 나타내는 접미어이다. 「国家観(국가관)」 같은 단어와 함께 암기해 두자. 1번 이외의 선택지는 접두어나 접미어로 사용하지 않는다.

오답 2 識(알 식)　3 念(생각 념)　4 察(살필 찰)

빈출 ～界(~계) | ～制(~제) | ～色(~색) | ～力(~력)

어휘 男女(남녀) | 結婚(결혼) | 違い(차이, 틀림) | 調べる(조사하다)

12 정답 3

ここでは（高）水準の医療が受けられる。

여기에서는 (고)수준의 의료를 받을 수 있다.

해설 「高」는 명사나 동사 앞에 붙어 '일반, 평소보다 정도가 높다, 크다'는 것을 나타내는 접두어이다. 「上～」는 '훌륭한, 상등인' 또는 '~위의'라는 의미를 나타내며, 「上級(상급)」「上半身(상반신)」처럼 사용한다.

오답 1 頂(정)　2 上(상~)　4 特(특)

빈출 再～(재~) | 最～(최~) | 諸～(제~, 여러) | 低～(저~) | 前～(전~) | 現～(현~)

어휘 水準(수준) | 医療(의료) | 受ける(받다)

13 정답 3

今日は大学の講義で日本（ 式 ）の経営について学んだ。

오늘은 대학교 강의에서 일본(식) 경영에 대해서 배웠다.

해설 「~式」는 '~하는 방식, 방법'이라는 의미를 나타내는 접미어이다. 「~流」는 '그것 특유의 방식, ~과 비슷한 방식'을 나타내며, 「類(류)」는 '같은 종류의 분류'를 나타낼 때 사용한다. 「西洋式(서양식)」「自己流(자기류)」「哺乳類(파충류)」와 같은 단어와 함께 암기해 두면 좋다.

오답 1 状(~상) 2 類(~류) 4 則(~칙)

빈출 ~風(~풍) | ~流(~류) | ~性(~성)

어휘 大学(대학) | 講義(강의) | 日本(일본) | 経営(경영) | 学ぶ(배우다)

14 정답 4

開封しても、（ 未 ）使用の物は返品可能です。

개봉해도, (미)사용 물건은 반품 가능합니다.

해설 「未~(미~)」는 '아직 실현되지 않은 것'을 나타내는 접두어이며, 「否~(비)」는 '부정, 그렇지 않음, 나쁘다'는 의미를 나타낸다. 「否定(부정), 可否(가부)」와 같은 단어와 함께 기억해 두면 좋다.

오답 1 外(외) 2 否(부) 3 前(전)

빈출 非~(비~) | 悪~(악~) | 無~(무~) | 不~(불~)

어휘 開封(개봉) | 使用(사용) | 返品(반품) | 可能(가능)

15 정답 1

受験生なので、勉強（ 漬け ）の毎日だ。

수험생이기 때문에, 공부(에 열중하는) 매일이다.

해설 「~漬け」는 '~에 열중한'이라는 의미로, 동사에서 파생된 접미어는 원래 동사의 의미에서 뜻을 유추해 낼 수 있는 경우가 많다.

오답 2 浸し(담금) 3 溶け(녹음) 4 満ち(가득참)

빈출 明け(~가 끝난 직후) | 沿い(~를 따라서, 연도) | 連れ(무리, 같은 종류의 사람) | 付き(~부, 부속으로 달려 있음)

어휘 受験生(수험생) | 勉強(공부) | 毎日(매일)

問題4 / 문제4

( )に入れるのに最もよいものを、1・2・3・4から一つ選びなさい。
( )에 넣는데 가장 적당한 것을 1・2・3・4에서 하나 고르시오.

---

16 정답 2   품사 ▶ 명사

この大学では一般向けの講座を開き、社会に学習の場を（ 提供 ）している。

이 대학교에서는 일반용 강좌를 열어, 사회에 학습의 장을 (제공)하고 있다.

해설 문맥 규정 파트에서는 제시된 문장을 꼼꼼히 읽고, 문맥상 가장 자연스러운 것을 골라야 한다. 한자 읽기, 한자 쓰기, 단어 형성 파트에서는 일본어에서는 사용하지 않는 어휘 등이 제시되는 경우도 있으나 이 파트에서는 그런 경우가 없으니, 선택지보다 제시된 질문문을 먼저 확인하는 것이 좋다.

문맥상 "대학교에서 일반용 강좌를 열어 학습할 장소를 주고 있다"는 의미가 되어야 하므로, 괄호 안에 들어갈 적당한 단어는 2번 「提供(제공)」이 된다. 「提供(제공)」에는 '금품이나 기능 등을 상대방에게 도움이 되게 하기 위해 주다, 부여하다'는 의미가 있다.

오답 1 選出(선출) ｜ 3 指示(지시) ｜ 4 寄付(기부)

빈출 改正(개정) ｜ 中継(중계) ｜ 訂正(정정) ｜ 発揮(발휘) ｜ 分担(분담)

어휘 一般(일반) ｜ 向け(~용) ｜ 講座(강좌) ｜ 開く(열다) ｜ 社会(사회) ｜ 学習(학습) ｜ 場(장)

---

17 정답 1   품사 ▶ 부사

今年の夏は暑さが厳しく、仕事から家に帰ると疲れて（ ぐったり ）してしまう。

올해 여름은 더위가 혹독해서, 일에서 집에 돌아가면 지쳐서 (녹초가) 되어 버린다.

해설 부사의 의미를 묻는 문제는 1문제 이상 꼭 출제되나, 출제되는 부사가 한정되어 있으므로, 빈출 단어를 중심으로 암기해 두자. 문맥상 "너무 더워서 집에 돌아가는 것만으로도 지쳐 버린다"는 의미가 되어야 하므로 1번 「ぐったり」가 가장 자연스럽다. 「ぐったり」는 '지치거나 약해져서 힘이 빠진 상태'를 나타내는 부사이다.

오답 2 しっかり(단단히, 제대로, 꽉) ｜ 3 すっきり(개운한, 말끔한, 세련된) ｜ 4 ぎっしり(꽉, 가득)

빈출 のんびり(느긋하게) ｜ さっぱり(후련한, 조금도, 전혀) ｜ ごろごろ(뒹굴뒹굴) ｜ スムーズに(부드럽게, 원만하게) ｜ びっしょり(흠뻑, ~범벅) ｜ にっこり(생긋) ｜ ひそひそ(속닥속닥) ｜ ごちゃごちゃ(뒤죽박죽) ｜ じろじろ(빤히, 뚫어지게) ｜ ぞろぞろ(줄줄, 질질)

어휘 暑さ(더위) ｜ 厳しい(혹독하다) ｜ 仕事(일, 업무) ｜ 疲れる(지치다)

18 정답 3　　　품사 가타카나

> 学生時代の友人が私の名前を忘れていたので、とても（ ショック ）だった。
>
> 학생 시절 친구가 내 이름을 잊고 있어서, 매우 (충격)이었다.

해설 가타카나는 새로운 단어가 출제되는 비중이 매우 높으니 근년 독해나 청해 등에서 사용된 새로운 어휘를 중심으로 정리해 두면 좋다. "학생 때 친구가 내 이름을 잊고 있어서"라는 문맥상 가장 자연스러운 것은 3번「ショック(쇼크, 충격)」이다. 「ショック(쇼크, 충격)」은 '예상하지 못한 사태에 대해 마음이 동요하는 것'을 나타낸다.

오답 1 アウト(아웃)　2 ダウン(다운)　4 エラー(에러)

빈출 シーズン(시즌) | マイペース(마이페이스) | リラックス(릴랙스) | バランス(밸런스, 균형) | アピール(어필) | アレンジ(어레인지, 배열, 재배치) | ニーズ(필요성, 요구)

어휘 時代(~시대, 시절) | 名前(이름) | 忘れる(잊다, 분실하다)

19 정답 2　　　품사 な형

> 通路に荷物を置いたら、通る人の（ 邪魔 ）になりますよ。
>
> 통로에 짐을 두면, 지나가는 사람의 (방해)가 돼요.

해설 앞 부분에서 '통로에 짐을 두면'이라는 조건이 있으므로, 문맥상 가장 자연스러운 것은「邪魔(방해, 장애)」가 된다. 「被害になる」로는 사용하지는 않으며, 「被害にあう(피해를 당하다)」 또는 「被害を受ける(피해를 입다)」처럼 사용한다. 그리고「無理になる」도 사용하지 않으며, 뒤에「する」를 붙여서「無理する(무리하다)」와 같이 사용한다.

오답 1 面倒(귀찮음, 보살핌)　3 被害(피해)　4 無理(무리)

빈출 温厚(온후한) | 格好(모양, 모습) | 柔軟(유연) | 豊富(풍부) | 敏感(민감) | 独特(독특) | 気配(느낌, 낌새)

어휘 通路(통로) | 荷物(짐) | 通る(지나가다, 통과하다)

20 정답 3　　　품사 な형

> 少し長めの上り坂だったが（ なだらかだった ）ので、それほど疲れなかった。
>
> 조금 긴 오르막이었지만 (완만했기) 때문에, 그다지 지치지 않았다.

해설 앞 부분에서「少し長めの上り坂だったが(조금 긴 오르막이었지만)」이라는 역접의 접속사가 사용되었으므로, 괄호 뒷 부분에서는 예상되는 내용과 반대되는 내용이 나와야 한다. '긴 오르막이었지만 경사가 완만해서 힘들지 않았다, 지치지 않았다'는 것이 문맥상 자연스러우므로 3번「なだらか(완만한)」이 들어가야 한다.

오답 1 おとなしい(얌전한, 온순한)　2 ささやかな(사소한)　4 よわよわしい(아주 약한)

빈출 あいまいな(애매한) | 穏やかな(평온한, 온화한) | でたらめな(엉망진창인) | まれな(드문)

어휘 長め(약간 긴듯한) | 上り坂(오르막, 오르막길) | それほど(그다지, 그렇게)

21 정답 1 　　　　　　　　　　　　　　　　　　　　　　　　　　　　　품사 ▶ 부사

> 出席者は皆会議に積極的に参加し、意見を（ **活発に** ）交換し合った。
>
> 출연자는 모두 회의에 적극적으로 참가하고, 의견을 (활발하게) 서로 교환했다.

해설 앞 부분의 "출석자는 모두 회의에 적극적으로 참가하고"에 자연스럽게 이어져야 하므로, 문맥상 가장 자연스러운 것은 1번 「活発に(활발하게)」가 된다. 「活発(활발)」은 '어떤 동작이나 행동이 생기차고 기세가 좋은 것'을 나타내며, 「機敏(기민)」은 '상황에 따라서 빠르게 판단하고 행동하는 것'을 나타낸다. 따라서, 「機敏な動き(기민한 움직임)」 「機敏な処置(기민한 처치)」와 같이 사용된다.

오답 2 円満に(원만하게) ｜ 3 機敏に(기민하게) ｜ 4 濃厚に(농후하게)

빈출 評判(평판) ｜ 活気(활기) ｜ 適度(적절) ｜ 苦情(불만, 고충)

어휘 出席者(출석자) ｜ 皆(모두) ｜ 会議(회의) ｜ 積極的(적극적) ｜ 参加(참가) ｜ 意見(의견) ｜ 交換(교환)

22 정답 4 　　　　　　　　　　　　　　　　　　　　　　　　　　　　　품사 ▶ 동사

> 列に並んでいたら、私の前に強引に（ **割り込んで** ）きた人がいて、嫌な気分になった。
>
> 줄을 섰더니, 내 앞에 억지로 (끼어 들어) 온 사람이 있어서, 싫은 기분이 되었다.

해설 복합동사 문제는 1문제 정도가 출제된다. 「強引に(무리하게, 억지로)」라는 어휘의 뜻을 알면 쉽게 정답을 찾을 수 있지만, 모르는 경우라도 「列に並んでいたら(줄을 서 있었더니)」 부분을 보고 유추해 낼 수 있다. "줄을 서 있었는데, 내 앞에 끼어들어서 기분이 좋지 않았다"는 흐름이 되므로 문맥상 가장 자연스러운 것은 4번「割り込む(끼어들다)」가 된다. 「付け加える(보태다, 덧붙이다)」는 '이미 있는 것에 다른 것을 보탠다'는 의미를 나타낸다.

오답 1 当てはまる(들어맞다, 적합하다) ｜ 2 付け加える(덧붙이다, 첨가하다) ｜ 3 行き着く(이르다, 다다르다)

빈출 呼び止める(불러 세우다) ｜ 引き止める(붙잡다, 만류하다) ｜ 差し支える(지장이 있다, 방해가 되다) ｜ 打ち消す(부정하다) ｜ 飛び散る(튀다) ｜ 締め切る(마감하다) ｜ 盛り上がる(고조되다, 높아지다)

어휘 列(열, 줄) ｜ 並ぶ(줄을 서다, 늘어서다) ｜ 強引に(억지로, 무리하게) ｜ 嫌な(싫은, 꺼리는) ｜ 気分(기분)

問題5 / 문제5

_____の言葉に意味が最も近いものを、1・2・3・4から一つ選びなさい。

_____의 말과 의미가 가장 가까운 것을 1·2·3·4에서 하나 고르시오.

---

23 정답 1 　　　　　　　　　　　　　　　　　　　　　　　　　　　품사　な형

高橋さんはとても愉快な人だ。

다카하시 씨는 매우 유쾌한 사람이다.

해설　유의 표현 파트에서는 밑줄 부분과 비슷한 의미를 가진 단어를 찾는 것이 아니라, 문맥상 동일한 의미가 되는 단어를 찾아야 한다는 점에 주의해야 한다. 따라서, 밑줄 부분 뿐만이 아니라, 문장 전체의 의미를 파악해 두는 것이 중요하다. 「愉快(유쾌)」는 '즐겁게 기분 좋은 것'을 나타내며, 서로 바꿔 쓸 수 있는 것은 1번 「面白い(재미있다)」이다.

오답　2 おしゃれな(멋진, 멋을 낸)　3 親切な(친절한)　4 かわいい(귀여운)

빈출　かしこい(영리한, 현명한) | あわれな(불쌍한) | さわがしい(시끄러운, 떠들썩한) | でたらめな(엉터리인)

어휘　とても(매우, 몹시) | 愉快(유쾌)

---

24 정답 4 　　　　　　　　　　　　　　　　　　　　　　　　　　　품사　관용구

それは確かにやむをえないことだと思う。

그것은 확실히 어쩔 수 없는 일이라고 생각한다.

해설　유의표현 파트에서는 숙어나 관용구가 많이 출제되는 것이 특징인데, 기능어 종류가 출제되는 경우도 있다. 이런 표현들도 밑줄 부분에 넣어서 문장의 전체 의미가 바뀌지 않는 단어를 고르는 것이 중요하다. 「やむをえない」는 '어쩔 수 없다'는 의미이며, 바꿔 쓸 수 있는 것은 4번 「しかたない」이다.

오답　1 もったいない(아깝다)　2 なさけない(한심하다, 비참하다)　3 つまらない(재미 없다, 아쉽다)

빈출　物騒になってくる(위험해져 오는) | 仕事にとりかかる(일에 매달리다, 착수하다)

어휘　確かに(확실히, 분명히)

---

25 정답 3 　　　　　　　　　　　　　　　　　　　　　　　　　　　품사　관용구

少し息抜きしたほうがいいよ。

조금 한숨 돌리는 편이 좋다고 생각해.

해설　「息抜き(잠시 쉼)」는 '기분 전환 등을 위해 잠시 쉬는 것'을 말하므로 바꿔 쓸 수 있는 표현은 3번의 「休む(쉬다)」가 된다.

| 오답 | 1 待つ(기다리다)　2 急ぐ(서두르다)　4 働く(일하다)

| 빈출 | かさかさする(바스락거리다) | 所有する(소유하다) | ささやくように(속삭이듯이)

| 어휘 | 少し(조금, 잠시) | ~ほうがいい(~하는 편이 좋다)

| 26 | 정답 4　　　　　　　　　　　　　　　　　　　　　　　　　　　　　　　| 품사 | 관용구

今日はとても<u>ついていた</u>。

오늘은 매우 <u>운이 좋다</u>.

| 해설 | 「ついている(운이 좋다)」는 '운세가 좋다, 재수가 좋다'라는 의미로, 바꿔 쓸 수 있는 표현은 4번「運がよい(운이 좋다)」이다. 자주 출제되는 관용구나 문맥에 따라 의미가 바뀌는 표현은 따로 정리해서 암기해 두자.

| 오답 | 1 気分が悪い(기분이 나쁘다)　2 運が悪い(운이 나쁘다)　3 気分がよい(기분이 좋다)

| 빈출 | ゆずる(팔다, 팔아 넘기다, 양보하다) | 縮む(작아지다, 줄어들다) | かかりつけの(단골인)

| 어휘 | 今日(오늘)

| 27 | 정답 2　　　　　　　　　　　　　　　　　　　　　　　　　　　　　　　| 품사 | 부사

私は<u>つねに</u>言葉遣いに気をつけている。

나는 <u>항상</u> 말투에 신경을 쓰고 있다.

| 해설 | 「つねに(항상)」과 바꿔 쓸 수 있는 말은 2번「いつも(언제나)」이다. 의미가 비슷한 부사를 묻는 문제도 자주 출제된다.

| 오답 | 1 当然(당연)　3 特に(특히)　4 できるだけ(가능한)

| 빈출 | 奇妙な(기묘한) | 間際(바로 직전) | 自ら(스스로) | かつて(일찍이) | じかに(직접)

| 어휘 | 言葉遣い(말투, 말씨) | 気をつける(주의하다, 신경쓰다)

問題6	次の言葉の使い方として最もよいものを、1・2・3・4から一つ選びなさい。
문제6	다음 말의 사용법으로서 가장 적당한 것을 1・2・3・4에서 하나 고르시오.

28 정답 3 　　　　　　　　　　　　　　　　　　　　　　　　　　　품사 ▶ 명사

1 悪天候で列車が運転をやめたため、旅行の出発が三日後に延長された。
2 初めの設計では2階建てだったが、3階建ての家に延長することにした。
3 予定の時間内に結論が出ず、会議が1時間延長されることになった。
4 電車の中で居眠りをして、降りる駅を一駅延長してしまった。

1 악천후로 열차가 운전을 중지했기 때문에, 여행 출발이 3일 후로 연장되었다.
2 첫 설계에서는 2층 건물이었는데, 3층 건물로 연장하기로 했다.
3 예정 시간 내에 결론이 나오지 않아, 회의가 1시간 연장되게 되었다.
4 열차 속에서 졸아서, 내릴 역을 한 역 연장해 버렸다.

해설 용법 파트에서는 단어의 정확한 의미를 알고 있는지를 묻는 문제가 출제된다. 최근에는 용법 파트의 난이도가 올라가고 있는 경향이 있으며, 여러가지 의미를 가진 단어나 비슷한 의미를 가진 단어는 특히 주의해서 정리해 두자.
「延長(연장)」은 '기간이나 길이를 늘리는 것'을 나타내며, 물건의 갯수를 추가할 때는 사용하지 못한다. 따라서, 올바르게 사용된 것은 3번이 된다.

오답 1번은 '기간을 뒤로 미루다'는 의미이므로「延期(연기)」, 2번은 2층 건물에서 3층 건물로 바꾼 것이므로「増築(증축)」, 4번은 '내려야 할 역에서 내리지 못하고 놓쳤다'는 의미가 되어야 하므로「乗り過ごして(놓치다)」가 들어가야 적당하다.

빈출 交代(교대) | 補足(보충) | 発達(발달) | 引用(인용) | 廃止(폐지)

어휘 悪天候(악천후) | 列車(열차) | 運転(운전) | 旅行(여행) | 出発(출발) | 設計(설계) | ～建て(~층) | 予定(예정) | 結論(결론) | 会議(회의) | 電車(전차) | 居眠り(앉아서 좀)

29 정답 4 　　　　　　　　　　　　　　　　　　　　　　　　　　　품사 ▶ 동사

1 暑いところに生ものをずっと置いておいたら、さびて臭くなった。
2 昨夜は雨が相当降ったらしく、普段はきれいな川の水がさびて濁っている。
3 鉢に植えた植物に水をやるのを忘れていたら、花がさびてしまった。
4 この鉄の棒はずっと家の外に置いてあったので、さびて茶色くなっている。

1 더운 곳에 날 것을 쭉 두었더니, 녹슬어서 냄새가 나게 되었다.
2 어젯밤은 비가 상당히 내린 것 같아서, 평상시는 깨끗한 강물이 녹슬어서 탁해져 있다.
3 화분에 심은 식물에 물을 주는 것을 잊고 있었더니, 꽃이 녹슬어 버렸다.
4 이 철 봉은 쭉 집 밖에 두었기 때문에, 녹슬어서 갈색이 되어 있다.

해설 「さびる(녹슬다)」는 '금속의 표면에 녹이 생기는 것'을 나타내므로 올바르게 쓰인 것은 4번이다.

오답 1번 음식물이 상했다는 것을 나타낼 때는 「腐る(부패하다, 상하다)」를 사용해야 하며, 2번은 '강물이 늘어나 탁해졌다'고 표현하는 것이 자연스러우므로 「増える(늘다, 양이 많아지다)」가, 3번 꽃은 '시들다'고 표현해야 하므로 「しおれる(시들다)」가 들어가야 자연스럽다.

빈출 はずす(떼어내다, 제외하다) | 受け入れる(받아들이다) | 破れる(해지다, 깨지다) | 覆う(뒤덮다)

어휘 暑い(덥다) | 生もの(날 것, 생 것) | 臭い(냄새가 나다, 악취가 나다) | 昨夜(어젯밤) | 普段(평소) | 濁る(탁해지다) | 鉢(화분) | 植える(심다) | 植物(식물) | 鉄(철) | 棒(봉) | 茶色い(갈색이다)

30 정답 1   품사 명사

> 1 勉強会に参加した社員がすべて目上だったので、新人の私はとても緊張した。
> 2 この店で一番値段が高く目上の商品は、店の奥にある棚に並べられていた。
> 3 高校時代、鈴木さんはとても優秀で、成績はいつも学年で目上だった。
> 4 あの若さで金賞を受賞した伊藤さんは、本当に目上の人だと思う。
>
> 1 공부 모임에 참가한 사원이 모두 윗사람이었기 때문에, 신입인 나는 매우 긴장했다.
> 2 이 가게에서 제일 가격이 비싸고 손윗 상품은, 가게 안쪽에 있는 선반에 진열되어 있다.
> 3 고등학교 시절에, 스즈키 씨는 매우 우수해서, 성적은 항상 학년에서 연장자였다.
> 4. 저 젊은 나이에 금상을 수상한 이토 씨는, 정말로 손윗 사람이라고 생각한다.

해설 「目上(손윗 사람, 연장자)」는 '연령이나 지위, 계급이 나보다 위인 사람'을 나타내므로 올바르게 쓰인 것은 1번이다. 2번, 3번과 같은 상품이나 성적 등 점수에는 사용할 수 없다.

오답 2번은 문맥상 '가격이 비싸고 가치가 높은 상품'이라는 의미가 돼야 하므로 「貴重な(귀중한)」 등이 들어가야 하며, 3번은 성적이 좋았다는 의미가 되어야 하므로, 「上位(상위)・トップ(톱)」 등이 들어가야 자연스럽다. 4번은 "젊은데도 금상을 수상했다"는 문맥상 「立派な人(훌륭한 사람)」가 들어가야 자연스럽다.

빈출 世間(세간, 세상) | 合図(신호) | 行方(행방) | 役目(역할) | 残高(잔고)

어휘 勉強会(공부 모임) | 参加(참가) | 社員(사원) | 新人(신입) | 緊張(긴장) | 一番(제일) | 値段(가격) | 商品(상품) | 奥(안, 속) | 棚(선반) | 並べる(늘어놓다) | 優秀(우수) | 成績(성적) | 学年(학년) | 金賞(금상) | 受賞(수상)

31 정답 4 | 품사: 부사

1 息子の誕生日に料理を作りすぎてしまい、**大げさ**に余ってしまった。
2 天気予報によると、明日は今日より**大げさ**に気温が下がるらしい。
3 努力した結果、試験の成績が**大げさ**に伸びて、先生に褒められた。
4 あの人は小さなことを**大げさ**に言うので、そのまま信じないほうがいい。

1 아들 생일에 요리를 너무 많이 만들어 버려서, 과장되게 남아 버렸다.
2 일기예보에 의하면, 어제는 오늘보다 과장되게 기온이 내려간다고 한다.
3 노력한 결과, 시험 성적이 과장되게 올라서, 선생님에게 칭찬받았다.
4 저 사람은 작은 것을 과장되게 말하기 때문에, 그대로 믿지 않는 편이 좋다.

해설 「大げさ(과장됨)」은 '실제보다 과장하는 것'을 의미하며 올바르게 쓰인 것은 4번이다. 「大げさ(과장됨)」는 양이나 정도를 나타내지 않으며, 어떤 일이나 물건이 실제 이상으로 과장되어 있는 모습을 나타낸다.

오답 1번은 많은 양의 요리가 남았다는 것을 나타내야 하므로 「たくさん(많이)」이, 2번은 기온이 많이 내려갔다는 것을 나타내야 하므로 「大幅に(대폭)」을 넣으면 자연스럽다. 3번은 '성적이 많이 올랐다'는 의미가 되어야 하므로 「大きく・大幅に(크게·대폭)」가 들어가면 자연스럽다.

빈출 質素(검소한) | かすか(희미한, 초라한) | 頑丈(건장) | 温暖(온난) | 充満(충만) | 急激(급격)

어휘 息子(아들) | 誕生日(생일) | 料理(요리) | 余る(남다) | 天気予報(일기예보) | 気温(기온) | 下がる(내려가다) | 努力(노력) | 結果(결과) | 試験(시험) | 成績(성적) | 伸びる(발전하다, 증가하다) | 褒める(칭찬하다) | 信じる(믿다)

32 정답 2 | 품사: 명사

1 発表の原稿を全部覚えたのに、緊張のせいでどんなに**反省**しても全く思い出せない。
2 今回の企画では、私の準備不足で周りに迷惑をかけたことをとても**反省**しています。
3 祖父はいつも若いころの思い出を懐かしそうに**反省**して私に話してくれる。
4 この機械の使い方を忘れないように、もう一度最初から**反省**しておきましょう。

1 발표 원고를 전부 암기했는데, 긴장한 탓에 아무리 반성해도 전혀 떠오르지 않는다.
2 이번 기획은, 내 준비 부족으로 주위에 민폐를 끼쳐 버린 것을 매우 반성하고 있습니다.
3 조부는 항상 젊은 무렵의 추억을 그리운 듯이 반성해서 나에게 이야기해 준다.
4 이 기계 사용법을 잊지 않도록, 다시 한번 처음부터 반성해 둡시다.

해설 「反省(반성)」은 '자신이 해 온 언동을 되돌아 보고, 그 가부를 고쳐서 생각하는 것'을 의미하며, 올바르게 사용된 것은 2번이다. 추억에 잠겨 과거를 생각하거나 떠올린다는 의미로는 사용할 수 없다.

오답 1번은 '긴장한 탓에 아무리 생각해 봐도 전혀 생각나지 않았다'는 의미이므로 「思い浮かべてみても(떠올려 봐도)」가 들어가면 자연스럽다. 3번은 '과거를 회상하다'는 의미가 되어야 하므로 「回想(회상)」이, 4번은 '다시 한번 처음부터 복습해 두자'는 의미가 되어야 하므로 「復習(복습)」이 들어가면 자연스럽다.

빈출 矛盾(모순) | 掲示(게시) | 用途(용도) | 頂上(정상) | 解約(해약) | 欠陥(결함)

어휘 発表(발표) | 原稿(원고) | 緊張(긴장) | どんなに(아무리) | 全く(전혀) | 思い出す(생각해 내다, 떠올리다) | 今回(이번, 금회) | 企画(기획) | 準備(준비) | 不足(부족) | 周り(주위, 주변) | 迷惑(폐, 민폐) | 祖父(조부) | いつも(늘, 언제나, 항상) | 思い出(추억) | 懐かしい(그립다) | 機械(기계) | 使い方(사용법) | もう一度(다시 한번) | 最初(최초, 처음)

1교시 언어지식(문법) p24

問題7 / 문제7
次の文の（　　）に入れるのに最もよいものを、1・2・3・4から一つ選びなさい。
다음 (　　)에 넣는데 가장 적당한 것을 1・2・3・4에서 하나 고르시오.

33　정답 1

卒業論文がなかなか書けなくて、一時は（あきらめ）かけたが、何とか今日無事に提出することができた。

졸업 논문이 좀처럼 써지지 않아서, 한 때는 (포기하려고) 했는데, 어떻게든 오늘 무사히 제출할 수가 있었다.

문형 동사 ます형 + かける　막 ~하려 하다

해설 복합동사에 관한 문제는 JLPT N2에서는 문자 어휘 파트뿐만이 아니라, 문법 파트에서도 자주 출제된다. 「동사 ます형 + かける」는 '~하고 있는 도중, 막 ~하기 시작한 무렵'이라는 의미가 있다. 이 문제에서는 '한 때 포기하려고 했는데, 어떻게든 무사히 제출했다'는 의미가 이어져야 자연스러우므로, 정답은 1번이다.

오답　2 あきらめて(포기하고)　3 あきらめる(포기하다)　4 あきらめた(포기했다)

어휘　卒業論文(졸업 논문) | なかなか(좀처럼) | 一時(한 때) | 何とか(어떻게든) | 無事に(무사하게) | 提出(제출)

34　정답 1

子どものころ、母（の）作ったハンバーグが好きで、よく作ってもらった。

아이 무렵, 엄마가 만든 햄버거를 아주 좋아해서, 자주 만들어 받았다.

문형 주어 + の + 명사절　~이/가(주격 조사)

해설 「の」는 1) 명사 + の + 명사 2) 소유격 등 여러가지 의미가 있는데, N2 레벨에서는 명사수식절 안에서 주어로 사용되는 「の(~이/~가)」의 사용법을 묻는 문제가 출제된다. 명사수식절(V+N) 안의 주어에는 조사 「が」 또는 「の」를 붙여야 한다. 이 문제에서는 '엄마가 만든 햄버거를 내가 아주 좋아했다'는 의미이므로 주격조사가 들어가야 하고 정답은 1번이 된다.

오답　2 との(~라는, 전언)　3 によって(~에 의해서)　4 にとって(~에 있어서)

어휘　ハンバーグ(햄버거) | 大好きだ(아주 좋아하다)

35　정답 2

多様な情報があふれる現代社会（において）、大切なのは、膨大な情報の中から、自分に必要な情報を選ぶ力である。

다양한 정보가 흘러 넘치는 현대사회(에 있어서) 중요한 것은, 방대한 정보 속에서, 자신에게 필요한 정보를 고르는 힘이다.

문형 명사 + において ~에 있어서, ~에서 (장소, 상황)

해설 JLPT N2, N3에서 자주 출제되는 문형이다. 「명사 + において」는 '어떤 동작이 행해지는 장소, 상황, 장면'을 나타내는 문형이다. 「~で(~에서, 장소)」와 비슷한 의미이지만, 「~で(~에서, 장소)」보다 조금 딱딱한 장면이나 문어체에서 많이 사용된다. 여기에서는 문맥상 '현대 사회라는 상황에서 중요한 것은'이라는 의미이므로, 정답은 2번이 된다. 「명사 + を込めて(~을 담아서)」는 '어떤 기분을 담아 ~을 한다'라는 의미로, 명사 부분에는 「愛(사랑), 感謝(감사), 願い(바램), 怒り(분노), 憎しみ(증오)」 등 기분이나 감정에 관련된 명사가 오는 경우가 많다.

오답 1 に加えて(~에 더해서)   3 を基にして(~을 토대로 하여)   4 を込めて(~을 담아서)

어휘 多様(다양) | 情報(정보) | 現代社会(현대 사회) | 膨大(방대) | 必要(필요) | 選ぶ(고르다, 선택하다) | 力(능력, 힘)

36 정답 3

作文が得意な友達に「どうやったらうまくなれるの？」と聞いたら、「たくさん書けば（ そのうち ）うまくなるよ。」と言われた。

작문을 잘하는 친구에게 "어떻게 하면 잘 쓸 수 있어?"라고 물었더니 "많이 쓰면 (머지 않아) 잘하게 될 거야'라고 들었다.

문형 そのうち~ 머지 않아, 일간

해설 문맥에 맞는 부사를 넣는 문제도 JLPT N2 문법 파트에서 자주 출제되는 문제이다. 「そのうち」는 '확실히 정해져 있지 않은, 장래의 어느 시점'을 나타내는 부사로, 실현되기까지 그다지 시일이 많이 남아 있지 않은, 시간이 많이 필요하지 않은 일에 대해서 사용한다. 「さっき」는 '조금 전(과거)'을 나타내고, 「さき」는 '앞, 다음(미래)'를 나타낸다는 것에 주의하자.

오답 1 必ずしも(반드시)   2 たとえ(설령)   4 さっき(조금 전, 아까)

어휘 作文(작문) | 得意(득의, 숙련된) | たくさん(많은) | うまい(잘하다, 능란하다)

37 정답 1

看護師の仕事は夜勤もあって大変だが、自分でこの仕事を選んだ（ 以上 ）、がんばって続けたいと思う。

간호사 일은 야근도 있어서 힘들지만, 스스로 이 일을 고른 (이상), 열심히 계속하려고 생각한다.

문형 명사, 형용사, 동사의 보통형 + 以上 ~한 이상

해설 기능어의 접속형태를 묻는 문제도 꾸준히 출제되는 문제 유형이다. 「보통형 + 以上(~하는 이상)」은 '~이기 때문에 당연히, 반드시 ~하다'는 의미를 나타내는 문형으로, 「べきだ(~해야만 한다), なければならない(~해야만 한다), つもりだ(~할 작정이다), と思う(~라고 생각한다), ~はずだ(~일 터이다)」와 같은 표현과 함께 쓰이는 경우가 많다.

오답 2 とたん(~한 순간)   3 あげくに(~한 끝에)   4 かのようで(마치 ~인 것처럼)

어휘 看護師(간호사) | 夜勤(야근) | 大変(대단한, 힘든) | 頑張る(열심히 노력하다, 힘내다) | 続ける(계속하다)

38 정답 4

(内線電話で)
山田 「はい、山田です。」
木村 「受付の木村ですが、Ｘ社の中川様が（ お越しになりました ）。」
山田 「わかりました。すぐ行きます。」

(내선 전화에서)
야마다 "네, 야마다입니다"
기무라 "접수 기무라인데요, Ｘ사 나카가와 님이 (오셨습니다)."
야마다 "알겠습니다. 바로 가겠습니다."

문형 お越しいただく 와 주시다

해설 JLPT N2레벨에서 존경어와 겸양어에 관련된 문제는 1문제 이상 꼭 출제되니, 반드시 체크해 두어야 한다. 특히, 존경어나 겸양어 만드는 법으로 표현하는 경우가 아닌, 특수한 존경어(겸양어) 표현은 꼭 암기해 두는 것이 좋다. 「お越し」는 '오시다'라는 의미로, 상대방의 동작이나 행동을 높여서 정중하게 표현할 때 사용된다. 이 문제에서는 문맥상 "손님인 나카가와 씨가 오셨다"는 의미가 되어야 하므로, 존경어를 사용해야 하고, 정답은 4번이 된다. 「お目にかかる(만나 뵙다)」,「伺う(찾다, 방문하다)」는 자신이 겸손하거나 낮추는 것에 의해 상대방을 높이는 '겸양어' 표현이다.

오답 1 伺う(찾다, 방문하다) お目にかかる(만나 뵙다) 3 ございます(「ある(있다)」의 겸양어)

어휘 内線(내선) | 受付(접수) | お越しになる(오시다) | すぐ(바로, 곧)

---

39 정답 2

人は一生のうちどのくらい寝ているのでしょうか。仮に一日8時間寝て、80歳まで生きる（ とします ）。すると、睡眠時間は約233,600時間で、約27年寝ている計算になります。

사람은 일생 중, 어느 정도 자는 걸까요? 가령 하루 8시간 자고, 80세까지 산다 (고 가정합니다). 그러면, 수면 시간은 약 233,600시간으로 약 27년간 자는 계산이 됩니다.

문형 명사, 형용사, 동사의 보통형 + とする ~라고 생각하다, 판단하다, 가정하다

해설 「명사, 형용사, 동사의 보통형 + とする」에는 1)정하다, 판단하다, 간주하다 2)~라고 가정하다,는 의미가 있는데, 2)의 경우 주로 규칙이나 법률 등을 정할 때 사용한다. 1)은 'A라고 가정하면, 당연히 ~한 결과가 되다'는 것을 나타내는데, 이 문제에서는 문맥상 "만약에 인간이 80세까지 산다고 가정하면"이라는 의미가 되어야 하므로 정답은 2번이다. 「となる(~가 되다)」는 자신의 의지가 아닌, '타인이 결정한 일이나 자연스럽게 그렇게 되'었다는 것을 나타낼 때 사용한다.

오답 1 となる(~가 되다) 3 とされていた(~가 되어 있었다) 4 と見られる(~라고 보여지다)

어휘 一生(일생, 평생) | 寝る(자다) | 仮に(가령) | 睡眠(수면) | 計算(계산)

40 정답 2

夢を語る（ だけなら ）誰でもできるが、実現させるのは簡単なことではない。

꿈을 말하는 것 (만이라면) 누구라도 할 수 있지만, 실현시키는 것은 간단한 일이 아니다.

문형 명사·い형용사·동사 보통형, な형용사 だ な + だけなら 만이라면

해설 JLPT N2에서는 문맥에 맞는 2개 이상의 문형 조합을 고르는 문제도 자주 출제된다. 이 문제는 "꿈을 말하는 것은 누구나 가능하지만, 실현하는 것은 간단하지 않다"는 문맥이므로 괄호 안에는 '한정+가정'의 표현이 들어가야 한다. 따라서 정답은 2번「だけなら(~만이라면)」이 된다.「ためしか(~위해서 밖에)」는 '목적(또는 원인) + 한정'을 나타내는 표현이 된다.

오답 1 だけでは(~만은) 3 ためしか(~위해서 밖에) 4 ためには(~위해서는)

어휘 夢(꿈) | 実現(실현) | 簡単(간단)

41 정답 3

（説明書で）
エアコンを掃除するときは、安全上、必ずコンセントを（ 抜いてからに ）してください。

(설명서에서)
에어컨을 청소할 때는, 안전상 반드시 콘센트를 (빼고 나서로) 해 주세요.

문형 동사 て형 + てから + にする ~하고 나서로 하다

해설 「AてからB」는 '~하고 나서'라는 의미로 'A를 한 뒤에 B를 한다'는 의미이다. 그리고,「にする(~로 하다)」는 앞에 명사가 올 때는 '~로 결정하다', 형용사가 올 경우에는 어떤 상태로 변화시키다는 의미를 나타낸다. 이 문제에서는 '청소할 때는 반드시 콘센트를 빼고 나서 하다'는 의미가 되어야 문맥상 자연스러우므로 정답은 3번이다.「からは」는 '~한 이상은, ~바에는'이라는 의미를 나타내므로 여기에서는 사용할 수 없다.

오답 1 抜いたことを(뺀 것을) 2 抜いたことが(뺀 것이) 4 抜いてからは(빼고 이상은)

어휘 説明書(설명서) | エアコン(에어컨) | 掃除(청소) | 安全(안전) | 必ず(반드시, 꼭) | コンセント(콘센트) | 抜く(빼다)

42 정답 4

私はスピーチが苦手なのに、今度友達の結婚パーティーでスピーチを（ することになってしまって ）困っている。

나는 연설이 서투른데, 이번 친구 결혼 파티에서 연설을 (하게 되어 버려서) 곤란해하고 있다.

문형 동사 기본형, 동사 ない형 + ことになる ~하게 되다

해설 「することになる(~하게 되다)」는 '화자의 의지와는 상관 없이 자연스럽게 ~라는 결과가 되다'라는 의미를 나타내는 문형이다.「ことにする(~하기로 하다)」는 화자가 자신의 의지로 어떤 동작이나 행동을 하기로 결정했을 때 사용한다. 이 문제에서는「スピーチが苦手なのに(스피치가 서투른데도)」라는 역접의 표현에 이어져야 하므로, 예상되는 결과와 반대의 일이 제시되어야

한다. 따라서, 문맥상 '서투른데도 하게 되었다'는 문장이 이어져야 자연스러우므로 정답은 4번이 된다.

오답 1 しにくくて(~하기 어려워서)　2 してほしくて(~해 주었으면 해서)　3 させてみたくて(~하게 해 보고 싶어서)

어휘 スピーチ(스피치, 연설) | 苦手(서투름) | 今度(다음, 이번) | 結婚(결혼) | パーティー(파티) | 困る(곤란하다)

---

43 정답 3

せっかく、夕日がきれいなことで有名なA海岸に来たのに、急に雨が降り出した。どうも夕日は（見られそうにない）。

모처럼 저녁 노을이 예쁘다는 것으로 유명한 A해안에 왔는데, 갑자기 비가 내리기 시작했다. 아무래도 저녁 노을은 (볼 수 있을 것 같지도 않다).

문형 동사 ます형, 동사 가능형 + そうにない　~할 것 같지도 않다, ~할 수 있을 것 같지도 않다

해설 「~そうにない」는 화자가 판단하기에 어떤 일이나 동작의 실현 가능성이 매우 낮다는 것을 나타내는 문형이다. 이 문제에서는 "모처럼 저녁 노을이 아름답기로 유명한 해안에 왔지만 비가 내리기 시작했다"는 문맥상 "볼 수 있을 가능성이 적다"라고 이어져야 자연스럽다. 따라서 정답은 3번이다. 문맥상 '미래에 실현 가능성이 낮다'는 문장이 이어져야 하므로 과거형인 2번과 4번은 사용할 수 없다.

오답 1 見えてもしかたない(보여도 어쩔 수 없다)　2 見られないことだった(볼 수 없는것이었다)　4 見えないことがあった(보이지 않는 경우가 있었다)

어휘 せっかく(모처럼) | 夕日(저녁 노을) | 有名(유명) | 海岸(해안) | 急に(갑자기) | 降り出す(내리기 시작하다) | どうも(아무래도, 어쩐지)

---

44 정답 4

山川 「中村くん、毎日ジョギング（してるんだって）？」
中村 「うん、そうなんだよ。」
山川 「実は、ぼくもなんだよ。走るっていいよね。」

야마카와 "나카무라 군, 매일 조깅(하고 있다고)?"
나카무라 "응, 그래."
야마카와 "실은 나도 그래. 뛰는 거 좋지?"

문형 보통형 + って　~라고 한다

해설 「って(~라고 한다)」는 전문을 나타내는 문형으로, 주로 회화체에서 많이 사용되며, 제3자에게서 들은 정보라는 것을 나타내는 문형이다. 이 문제에서는 야마카와가 나카무라에게 우선 "매일 달리고 있는지"를 묻고 있으므로 전문의 표현을 사용해야 하며, 정답은 4번이 된다.

오답 1 しない(하지 않는다)　2 しててもいい(하고 있어도 좋다)　3 しちゃえば(~해 버리면)

어휘 毎日(매일) | ジョギング(조깅) | 走る(뛰다, 달리다)

問題8 / 문제8

次の文の ★ に入る最もよいものを、1・2・3・4から一つ選びなさい。

다음 문장의 ★에 들어갈 가장 적당한 것을 1·2·3·4에서 하나 고르시오.

---

45 정답 3 (1-4-3-2)

結婚生活を送る　1 うえで　　4 何が　　3 ★ 大切か　　2 といえば　相手への思いやりの気持ちを持つことだと思う。

결혼 생활을 보내는　1 데 있어서　　4 무엇이　　3 ★ 중요한가　　2 라고 하면　상대에 대한 배려의 기분을 갖는 것이라고 생각한다.

해설 「동사 기본형 + うえで(~에 있어서)」는 '~을 할 때에 중요하거나 필요한 것'을 나타낼 때 사용하는 문형으로, 「うえで」의 뒷부분에는 '필요한 것, 중요한 것, 주의점'이 나온다. 또한, 「Aかといえば(~인가를 설명하면)」은 "A인가를 설명하자면, ~에 대해서 설명하자면"이라는 뜻을 나타내는 문형이다. 「うえで」는 동사 기본형에 접속해야 하므로 맨 앞에 와야 하고, 3번과 4번이 이어져야 한다는 것을 알 수 있다. 즉, 올바르게 배열하면 1-4-3-2가 되고 정답은 3번이 된다.

어휘 送る(보내다) | 大切(소중한, 중요한) | 相手(상대) | 思いやり(배려, 동정) | 気持ち(기분)

---

46 정답 4 (2-1-4-3)

就職したときに　2 買って以来　　1 ずっと　　4 ★ 使っていた　　3 かばんが　とうとう壊れたので、買い換えることにした。

취직했을 때　2 산 이후　　1 쭉　　4 ★ 사용하고 있던　　3 가방이　드디어 망가졌기 때문에, 다시 사기로 했다.

해설 문장 만들기 파트에서는 문맥을 정확하게 파악하는 것이 가장 중요하며, 특히, 접속 형태 등으로 연결되는 문형이 없을 경우에는 앞 뒤 문맥을 보고 문맥상 자연스러운 문장이 되도록 만들어야 한다. 이 문제에서는 '가방이 망가져서 다시 사기로 했다'는 문맥과 이어져야 하므로, '취직했을 때 산 가방'이 주어가 된다는 것을 알 수 있다. 따라서, "취직 이후 쭉 사용하고 있던 가방이 망가졌다"는 문장으로 연결하면 자연스러우므로, 올바르게 배열하면 2-1-4-3이 되고, 정답은 4번이 된다.

어휘 就職(취직) | ずっと(쭉, 계속) | とうとう(드디어, 마침내) | 壊れる(고장나다, 망가지다) | 買い換える(바꾸어 사다)

---

47 정답 1 (3-2-1-4)

登山には不思議な魅力がある。登っているときはこんな　3 苦しいことは　　2 二度としたくないと　　1 ★ 思うのに　　4 山を下りて何日かすると　なぜかまた登りたくなる。

등산에는 이상한 매력이 있다, 올라가고 있을 때에는 이런　3 괴로운 일은　　2 두 번 다시 하고 싶지 않다고　　1 ★ 생각하는데　　4 산을 내려가서 며칠인가　지나면 왠지 또 올라가고 싶어진다.

해설 「~のに(~인데)」는 역접의 표현으로 뒷 부분에는 예상과 다른 결론이 제시되어야 한다. 뒷 부분에서 "또 올라가고 싶어진다"는 문장이 제시되어 있으므로 앞 부분에는 "오르고 싶지 않다"는 내용이 나와야 한다는 것을 유추해 낼 수 있다. 따라서, "이런 괴로운 일은 두 번 다시 하고 싶지 않다고 생각하는데, 왜인지 다시 오르고 싶어진다"는 문장으로 연결되야 자연스러우므로 올바르게 배열하면 3-2-1-4가 되고 정답은 1번이다.

어휘 登山(등산) | 不思議(이상한, 불가사의한) | 魅力(매력) | 下りる(내려가다) | 何日(몇 일) | 登る(오르다, 올라가다)

48 정답 2 (3 – 4 – 1 – 2)

彫刻家川村たけるが作る動物の彫刻作品は、形はシンプル　3 ながら　　4 今にも　　1 動き出し　2 ★ そうな　生命力にあふれている。

조각가 가와무라 다케루가 만드는 동물 조각 작품은 형태는 심플　3 하지만　　4 당장이라도　　1 움직이기 시작할　2 ★ 것 같은　생명력이 넘치고 있다.

해설 「명사+ながら」는 '~이지만'이라는 역접의 의미를 나타내는 문형이다. 또한, 「今にも~しそうな」는 '지금 당장이라도 ~할 것 같다'는 뜻을 나타내는 문형이다. 따라서, 3번이 맨 앞에 나와야 하며, 4번 1번 2번이 이어져야 한다는 것을 알 수 있으므로, 올바르게 배열하면, 3-4-1-2가 되고, 정답은 2번이 된다.

어휘 彫刻家(조각가) | 作品(작품) | 形(형태, 모양) | シンプル(심플) | 動き出す(움직이기시작하다) | 生命力(생명력) | あふれる(흘러 넘치다, 넘쳐 흐르다)

49 정답 3 (4 – 2 – 1 – 3)

ビジネスで成功できる人とできない人との違いは、どんなに大変な状況でもあきらめずに　4 最後組まで　2 取り組める　　1 かどうか　　3 ★ にある　とう。

비즈니스에서 성공할 수 있는 사람과 할 수 없는 사람과의 차이는, 아무리 힘든 상황이라도 포기하지 않고　4 마지막까지　2 몰두할 수있는　　1 지 어떤지　　3 ★ 에 있다　고 생각한다.

해설 「かどうか(~인지 아닌지)」는 의문 또는 판단하기 어려운 것을 나타낼 때 사용하는 문형이다. 앞에는 동사 기본형이나 た형, 명사 등이 와야 하므로 여기에서는 2번 뒤에 와야 한다는 것을 알 수 있다. 또한, 「と思う」는 '~라고 생각한다'는 화자의 판단이나 생각을 나타내는 표현이므로, 올바르게 배열하면 4-2-1-3이 되고, 정답은 3번이 된다.

어휘 ビジネス(비즈니스) | 成功(성공) | どんなに(아무리, 얼마나) | あきらめる(포기하다) | 取り組む(몰두하다, 임하다)

問題9 / 문제9

次の文章を読んで、文章全体の趣旨を踏まえて 50 から、 54 の中に入る最もよいものを、1・2・3・4から一つ選びなさい。

다음 문장을 읽고, 문장 전체의 취지를 토대로 하여, 50 에서 54 중에서 가장 좋은 것을 1・2・3・4에서 하나 고르시오.

以下は、雑誌のコラムである。

日本発のトイレマーク

公衆トイレの入り口に描かれている男女の絵のマーク。そのマークがあれば、文字で「トイレ」と書かれていなくても、そこがトイレであることがわかる。世界のあちこちで使われているこのトイレマークが実は日本で生まれたものだということを、 50 ご存じだろうか。

トイレマークが生まれたのは、1964年の東京オリンピックがきっかけだ。この東京オリンピックは、アルファベットを使わない国での初めての開催であったため、特に問題になったのが、言葉の壁だった。当時、日本国内の案内板は「お手洗い」などと日本語で書かれているものがほとんどだった。 51 しかし、それでは世界90数か国から来日する選手たちに理解してもらえない。かといって、参加国すべての国の言葉で書くわけにもいかない。

そこで、案内板作成者たちは、あらゆる国の選手が理解できるよう、絵で表すことを考えた。 52 こうして生まれたのが、トイレマークなのだ。

そのほかにも、食堂、シャワー、公衆電話等の施設や設備を表すマークや、水泳、バレーボール等の競技を表すマークも作られた。競技を表すマークは、この東京オリンピックで初めて全面的に導入され、高い評価を受けた。そして、その後のオリンピックでもデザインを変えながら毎回 53 使用されている。

トイレマークに代表されるように、東京オリンピックをきっかけに日本で生まれたマークが、言葉の壁を越え、今や新たなコミュニケーション手段として、世界に広がっている。

それは、あらゆる人にわかりやすくという思いが世界に届いた 54 結果に違いない。

이하는 잡지 칼럼이다.

일본발 화장실 표시

공중 화장실 입구에 그려져 있는 남녀 그림 표시. 그 표시가 있으면 문자로 '화장실'이라고 써 있지 않아도 거기가 화장실이라는 것을 알 수 있다. 세계 여기 저기에서 사용되고 있는 이 화장실 표시가 실은 일본에서 태어난 것이라는 것을 50 알고 계실까요?

화장실 표시가 태어난 것은, 1964년 도쿄 올림픽이 계기다. 이 도쿄 올림픽은 알파벳을 사용하지 않는 나라에서 처음 개최되었기 때문에, 특히 문제가 된 것이 언어 장벽이었다. 당시, 일본 국내 안내판은 '화장실' 등이라고 일본어로 써 있는 것이 대부분이었다. 51 하지만, 그것으로는 세계 90수 개국에서 일본에 오는 선수들에게 이해 받을 수 없다. 그렇다고 해서, 참가국 모든 나라의 언어로 쓸 수는 없다.

그래서, 안내판 작성자들은 모든 나라의 선수가 이해할 수 있도록, 그림으로 나타내는 것을 생각했다. 52 이렇게 해서 태어난 것이 화장실 표시인 것이다.

그 외에도 식당, 샤워, 공중 전화 등의 시설이나 설비를 나타내는 표시나 수영, 배구 등의 경기를 나타내는 표시도 만들어졌다. 경기를 나타내는 표시는 이 도쿄 올림픽에서 처음으로 전면적으로 도입되어, 높은 평가를 얻었다. 그리고, 그 후의 올림픽에서도 디자인을 바꾸면서 매회 53 사용되고 있다.

화장실 표시로 대표되는 것처럼, 도쿄 올림픽을 계기로 일본에서 태어난 마크가 언어의 장벽을 넘어서, 지금은 새로운 커뮤니케이션 수단으로서 세계에 확산되고 있다.

그것은, 모든 사람에게 알기 쉽게, 라는 생각이 세계에 전해진 54 결과임에 틀림 없다.

어휘 | 以下(이하) | 小説家(소설가) | エッセイ(에세이) | ~発(~발, 발신) | 公衆(공중) | トイレ(화장실) | 入り口(입구) | 男女(남녀) | マーク(마크) | 文字(문자) | 世界(세계) | あちこち(여기저기) | 実は(실은) | ご存じ(아시다) | オリンピック(올림픽) | アルファベット(알파벳) | 開催(개최) | 特に(특히) | 壁(벽) | 当時(당시) | 案内板(안내판) | お手洗い(화장실, 변소의 미화어) | ほとんど(대부분) | それでは(그러면, 그것으로는) | 来日(내일) | 選手(선수) | 理解(이해) | 参加国(참가국) | ~わけにはいかない(~할 수는 없다) | 作成者(작성자) | あらゆる(모든) | 食堂(식당) | 電話(전화) | 等(등) | 施設(시설) | 設備(설비) | 水泳(수영) | バレーボール(배구) | 競技(경기) | 全面的(전면적) | 導入(도입) | 評価(평가) | デザイン(디자인) | 代表(대표) | きっかけ(계기) | 超える(넘다) | 今や(이제는, 이미) | コミュニケーション(커뮤니케이션) | 手段(수단) | 広がる(퍼지다, 확산되다) | ~に違いない(~임에 틀림 없다) | どころか(~하기는커녕)

---

50 정답 2

1. ご存じなわけだ	1. 아시는 것이다.
2. ご存じだろうか	2. 아실까요?
3. ご存じのようだ	3. 아시는 것같다.
4. ご存じだからだろう	4. 아시기 때문일 것이다.

해설 글의 문법 파트에서는 존경어, 수동이나 사역, 접속사를 찾는 문제가 자주 출제되므로, 문장의 의미나 문맥 뿐만이 아니라, 주어와 술어, 전체적인 내용의 흐름 등도 파악하며 읽어 두는 것이 좋다. 첫 단락에서는 '주제를 제시'하는 부분이며, 필자가 읽는 사람들에게 "이런 것을 아십니까?"라고 제시하고 있으므로 존경어와 의문문이 사용되어야 한다. 따라서 정답은 2번이다.

---

51 정답 2

1. それに	1. 게다가
2. しかし	2. 하지만
3. または	3. 또는
4. それどころか	4. 그것은 커녕

해설 접속사를 고르는 문제는 앞뒤 문장을 꼼꼼히 읽고 문맥의 흐름을 잘 파악하는 것이 중요하다.
두 번째 단락에서는 화장실 마크의 역사에 대해서 소개하고 있는데, "도쿄 올림픽 이전에는 일본어로 쓰인 것이 대부분이었다", "그러면 세계 90개국에서 오는 선수들은 알 수가 없다"고 앞 부분과 뒷 부분이 서로 상반되는 이야기가 나오고 있다. 따라서 문맥상 역접의 접속사가 들어가야 하며, 정답은 2번이 된다.

---

52 정답 4

1. 作成者が理解したのは	1. 작성자가 이해한 것은
2. 日本で考えられたのが	2. 일본에서 생각되어진 것이
3. ここに生み出したのは	3. 여기에서 만들어낸 것은
4. こうして生まれたのが	4. 이렇게 해서 태어난 것이

해설 3번째 단락에서는 화장실 마크의 역사를 소개하고, 화장실 마크가 어떻게 만들어지게 되었는지를 정리하고 있다. 즉, 앞 부분의

내용을 정리하고 그 내용을 토대로 결과를 제시하고 있는 부분이므로 정답은 4번이 된다.

53 정답 1

1. 使用されている	1. 사용되고 있다
2. 使用した点だ	2. 사용한 점이다
3. 使用していける	3. 사용해 갈 수 있다
4. 使用したいものだ	4. 사용하고 싶은 법이다

해설 문맥상 "화장실 마크가 도쿄 올림픽 이후에도 계속 사용되고 있다."는 내용이 이어져야 하므로, 수동형이 사용되어야 하고 정답은 1번이 된다.

54 정답 3

1. 結果として表れるかもしれない	1. 결과로서 나타날지도 모른다
2. 結果のはずだった	2. 결과일 터였다
3. 結果に違いない	3. 결과임에 틀림없다
4. 結果でなければならなかった	4. 결과가 아니면 안되었다

해설 지시어의 내용을 파악하여, 앞 단락과 이어지는 문맥을 파악할 수 있는지가 포인트이다. 마지막 문장의 "그것은"은 "화장실 마크가 전세계로 퍼져가고 있"다는 것을 가리키고 있으므로, 필자의 판단, 추측을 나타내는 표현이 와야 한다. 「に違いない(~임에 틀림 없다)」는 어떠한 것에 대해 확신을 가지고 이야기할 때 사용하는 표현이다. 필자는, "화장실 마크가 전세계로 퍼진 것은 모든 사람에게 알기 쉽게라는 생각이 전달되었기 때문"이라고 확신을 갖고 주장하고 있으므로 정답은 3번이다. 「はずだった(~터였다)」는 '예상 혹은 상정하고 있던 일이 실현되지 않았다'는 것을 나타내는 문형이다.

1교시　언어지식(독해)

問題10 / 문제10

次の(1)から(5)の文章を読んで、後の問いに対する答えとして最もよいものを、1・2・3・4から一つ選びなさい。

다음 (1)에서 (5)의 문장을 읽고, 다음 질문에 대한 답으로서 가장 좋은 것을 1・2・3・4에서 하나 고르시오.

(1) 정답 2

「ルール」はなぜあるのでしょうか？
　スポーツを理解するために最初に確認しておきますが、〝スポーツは人間が楽しむためのもの〟です。これが出発点です。決して「世の中に無ければならないモノ」でもなければ、生きるためにどうしても「必要なモノ」でもありませんが、　55　楽しむためのモノであり、その〝スポーツで楽しむ〟ために「ルール」があるのです。
　そして、ルールのもとで勝敗を競いますが、このことが楽しくないのであれば、スポーツをする価値はありません。

'규칙'은 왜 있는 것일까요?
　스포츠를 이해하기 위해서 처음에 확인해 두겠습니다만, "스포츠는 인간이 즐기기 위한 것"입니다. 이것이 출발점입니다. 결코 "세상에 없으면 안 되는 것"도 아니고, 살기 위해서 꼭 "필요한 것"도 아닙니다만, 　55　 즐기기 위한 것이고 그 "스포츠에서 즐기기"위해서 '규칙'이 있는 것입니다.
　그리고, 규칙 하에서 승패를 겨룹니다만, 이것이 즐겁지 않다면, 스포츠를 할 가치는 없습니다.

55　筆者の考えに合うのはどれか。	55　필자의 생각에 맞는 것은 어느 것인가?
1. ルールのないスポーツにも価値がある。	1. 규칙이 없는 스포츠에도 가치가 있다.
2. ルールはスポーツで楽しむためのものだ。	2. 규칙은 스포츠에서 즐기기 위한 것이다.
3. スポーツはルールを理解してから始めるべきだ。	3. 스포츠는 규칙을 이해하고 나서 시작해야만 한다.
4. スポーツを通して、ルールの重要さが理解できる	4. 스포츠를 통해서 규칙의 중요성을 이해할 수 있다.

어휘 ルール(룰, 규칙) | スポーツ(스포츠) | 最初(처음, 최초) | 確認(확인) | 人間(인간) | 楽しむ(즐기다) | 出発点(출발점) | 決して(결코) | 世の中(세상) | 生きる(살다) | 必要(필요) | 勝敗(승패) | 競う(겨루다, 경쟁하다) | 価値(가치) | ～を通して(~을 통해서) | 重要(중요)

해설 "필자의 생각에 맞는 것을 골라라" 타입의 질문문은 필자의 주장을 찾는 문제라고 생각하면 된다. 단문 파트에서는 "화제 제시와 필자의 주장"이라는 문맥 구조를 가진 지문이 제시되는 경우가 많으며, 도입부인 첫 단락을 살펴보면 전체 구조를 알 수 있다. 이 문제에서는 첫 문장에서 "규칙은 왜 있는 것일까요?"라고 화제 제시를 하고 있는데, 화제 제시 부분에는 전체의 테마 혹은 키워드가 있는 경우가 대부분이니 화제 제시 부분은 꼭 확인하자. 여기에서는 "규칙"에 대해서 이야기 하고 있다는 것을 알 수 있는데, 필자의 주장은 역접의 접속사 뒷 문장에 정리되어 있는 경우가 많다. 두 번째 단락에서 필자는 "스포츠는 즐기기 위한 것이며, 스포츠를 즐기기 위해서 규칙이 있다"고 했으므로 정답은 2번이 된다. 「そのスポーツ(그 스포츠)」 부분의 지시어가 가리키는 내용을 정확히 파악할 수 있는지가 포인트이다.

(2) 정답 3

以下は、ある会社の社内文書である。	이하는 어느 회사 사내 문서이다.
平成28年1月12日 社員各位 　　　　　　　　　　　　　　　総務課長 　　　　暖房使用についてのお願い 56 本格的な冬を迎え、暖房の使用が増加しており、12月の電気代は前月に比べて約30%増となりました。節電のため、室内温度は22度以下に設定するとともに、使用していない場所の暖房を切ること、退社時の切り忘れをなくすことなどを徹底してください。 　また、服装で調整するなど各自で工夫し、暖房に頼りすぎないようご協力をお願いいたします。	헤이세이 28년 1월 12일 사원 각위 　　　　　　　　　　　　　　　총무과장 　　　　난방 사용에 관한 부탁 56 본격적인 겨울을 맞이해 난방 사용이 증가하고 있어, 12월 전기 요금은 지난 달에 비해서 약 30% 증가가 되었습니다. 절전을 위해서, 실내 온도는 22도 이하로 설정함과 함께, 사용하고 있지 않은 장소 난방을 끌 것, 귀가 시 끄는 것을 잊는 일이 없게 하는 것을 철저하게 해 주세요. 　또한, 복장으로 조정하는 등 각자 궁리하여, 난방에 너무 의존하지 않도록 협력 부탁합니다.
56 この文書を書いた、一番の目的は何か。	56 이 문서를 쓴, 첫번째 목적은 무엇인가?
1. 暖房の使用を減らす工夫について意見を求める。 2. 暖房を使用せず、服装で調整することを求める。 **3. 暖房を無駄に使用しないことを求める。** 4. 暖房の温度を変更しないことを求める。	1. 난방 사용을 줄일 궁리에 대해서 의견을 구한다. 2. 난방을 사용하지 말고, 복장으로 조정할 것을 요구한다. **3. 난방을 쓸데없이 사용하지 않을 것을 요구한다.** 4. 난방 온도를 변경하지 않을 것을 요구한다.

어휘 社内(사내) | 文書(문서) | 平成(헤이세이, 일본의 연호) | 社員(사원) | 各位(각위) | 総務課(총무과) | 本格的(본격적) | 迎える(맞이하다, 마중하다) | 暖房(난방) | 増加(증가) | 電気(전기) | ～代(~요금, 비용) | 増(증, 증가) | 節電(절전) | 室内(실내) | 温度(온도) | 以下(이하) | 設定(설정) | 切る(끄다, 자르다) | 退社(퇴사, 귀가) | 切り忘れ(끄는 것을 잊음) | 徹底(철저) | 服装(복장) | 調整(조정) | 工夫(궁리) | 頼る(의지하다, 의존하다) | 協力(협력) | 減らす(줄이다) | 意見(의견) | 求める(구하다, 요구하다) | 無駄に(헛되게, 쓸모 없이) | 変更(변경)

해설 공지문을 쓴 목적과 그 목적을 달성하기 위해서 제시한 방법을 구분하는 것이 포인트이다. 공지문에서는 12월 전기요금이 30% 증가했으며, 이 때문에 절전할 것을 호소하고 있다. 그리고 절전 방법으로서 "1) 실내 온도를 22도 이하로 설정할 것 2) 사용하지 않는 난방을 끌 것, 3) 귀가 시 난방을 끌 것, 4) 복장으로 조정할 것"을 제시하고 있다. 따라서 정답은 3번이다.

(3) 정답 4

57 実は「やりたいことをやる」ためには、シンプルに間近の目標を達成していくだけで十分だと思います。「いつか大きな仕事を成し遂げたい」と思っていても、実際にそれがどんなものかはわかりようがないし、本当に自分が望んでいるものが何なのかもわかりません。	57 실은 "하고 싶은 일을 하기" 위해서는, 심플하게 아주 가까운 목표를 달성해 가는 것만으로 충분하다고 생각합니다. "언젠가 큰 일을 달성하고 싶다"고 생각하고 있어도, 실제로 그것이 어떤 것인지는 알 방도가 없고, 정말로 자신이 바라고 있는 것이 무엇인지도 모릅니다.

それより「目の前のやりたいこと」を見つけ、それに集中できるようなプログラムを組んでいけば、自然に「自分のやっていること」が「自分の望んでいること」に近づいていく可能性が高いような気がします。	그것보다 "눈 앞의 하고 싶은 것"을 발견하여, 거기에 집중할 수 있는 프로그램을 짜 가면, 자연스럽게 "자신이 하고 있는 것"이 "자신이 바라고 있는 것"에 가까워져 갈 가능성이 높은 것 같은 느낌이 듭니다.
(注) 成し遂げる：達成する	(주)끝까지 해내다 : 달성하다
57 筆者の考えに合うのはどれか。	57 필자의 생각에 맞는 것은 어느 것인가?
1.「やりたいことをやる」には、大きな目標を立てることが大切だ。 2.「自分の望んでいること」を知れば、今何をすべきかがわかるようになる。 3.「自分のやっていること」が「自分の望んでいること」だと気づくことが大切だ。 4.「目の前のやりたいこと」を続ければ、それが「自分の望んでいること」になり得る。	1. "하고 싶은 것을 하"려면, 큰 목표를 세우는 것이 중요하다. 2. "자신이 바라고 있는 것"을 알면, 지금 무엇을 해야 하는지 알게 된다. 3. "자신이 하고 있는 것"이 "자신이 바라고 있는 것"이라고 깨닫는 것이 중요하다. 4. "눈 앞의 하고 싶은 것"을 계속하면, 그것이 "자신이 바라고 있는 것"이 될 수 있다.

어휘 実は(실은) | シンプル(심플) | 間近(직전, 아주 가까움) | 目標(목표) | 達成(달성) | 十分だ(충분하다) | 成し遂げる(끝까지 이루다, 완수하다, 해내다) | 実際(실제) | 望む(바라다) | 目の前(눈 앞, 목전) | 見つける(발견하다) | 集中(집중) | プログラム(프로그램) | 組む(짜다) | 自然に(자연스럽게) | 近づく(접근하다, 가까이 가다) | 可能性(가능성) | 立てる(세우다) | ～し得る(~할 수 있다)

해설 단락 첫 부분에서 필자의 주장을 제시하고 부연 설명을 해 가는 구조를 취하고 있다. 단문 파트의 경우, 첫 단락에 필자의 주장이 제시되어 있는 경우도 많다. 필자는 "하고 싶은 일을 하기 위해서는 아주 가까운 목표를 달성"해 가는 사이에 "그것이 내가 바라고 있는 것"에 가까워져 간다고 설명하고 있으므로 정답은 4번이 된다.

---

(4) 정답 2

以下は、コーヒー豆の販売会社から届いたはがきである。	이하는 커피 콩 판매 회사에서 온 엽서이다.
□ 189-6715 東京都橋谷市南3-15-8-302 マリア・スミス様 **割引フェアのご案内** いつも「野田コーヒー」をご愛飲くださいまして、ありがとうございます。 　コーヒー豆を定期購入されているお客様に、お得な割引フェアについてご案内いたします。	□ 189-6715 도쿄도 하시타니시 미나미 3-15-8-302 마리아 스미스 님 **할인 페어 안내** 항상 '노다 커피'를 애음해 주셔서, 감사합니다. 커피 원두를 정기 구입하시고 있는 손님에게 저렴한 할인 페어에 대해서 안내 드립니다.

当社ではこの冬、新商品「冬の味わい」を発売します。58 定期購入をされているお客様には、この商品を15%割引の特別価格でご提供いたします。購入を希望される方は、10月中にご予約ください。

なお、すでにご案内しておりますとおり、定期購入をされているお客様は、その他の全商品がいつでも10%割引でおめいただけます。あわせてご利用ください。

商品の詳細・ご注文方法につきましては、裏面をご覧ください。

당사에서는 이 겨울 신상품 '겨울의 맛'을 발매합니다. 58 정기 구입을 하시고 있는 손님에게는 이 상품을 15% 할인한 특별 가격으로 제공하겠습니다. 구입을 희망하시는 분은 10월 중에 예약해 주세요.

또한, 이미 안내하고 있는 대로, 정기 구입을 하시는 손님은, 그 외 전상품을 항상 10% 할인으로 구매하실 수 있습니다. 함께 이용해 주세요.

상품의 상세·주문 방법에 관해서는 뒷면을 봐 주세요.

---

58 このはがきで紹介されている割引サービスについて正しいものはどれか。	58 이 엽서에서 소개되고 있는 할인 서비스에 대해서 바른 것은 어느 것인가?
1. コーヒー豆を定期購入している人は、10月中だけ「冬の味わい」を10%割引で買うことができる。	1. 커피 원두를 정기 구입하고 있는 사람은, 10월 중에만 '겨울 맛'을 10% 할인으로 살 수가 있다.
2. コーヒー豆を定期購入している人が10月中に「冬の味わい」を予約すれば、15%割引で買うことができる。	2. 커피 원두를 정기 구입하고 있는 사람이 10월 중에 '겨울 맛'을 예약하면, 15% 할인으로 살 수가 있다.
3.「冬の味わい」を10月中に予約すれば、その他の商品をすべて15%割引で買うことができる。	3. '겨울 맛'을 10월 중에 예약하면, 그 외 상품을 모두 15% 할인으로 살 수가 있다.
4.「冬の味わい」を買った人は、10月中だけその他の商品をすべて10%割引で買うことができる。	4. '겨울 맛'을 산 사람은 10월 중에 만, 그 외 상품을 모두 10% 할인으로 살 수가 있다.

어휘 はがき(엽서) | コーヒー(커피 원두) | 販売(판매) | 割引(할인) | フェア(페어) | 愛飲(애음) | 定期(정기) | 購入(구입) | お得な(이득인, 저렴한) | 当社(당사) | 新商品(신상품) | 味わい(맛, 풍미) | 特別(특별) | 価格(가격) | 提供(제공) | 希望(희망) | 予約(예약) | すでに(이미) | その他(그 외) | 全商品(전상품) | 求める(구매하다) | あわせて(더불어, 함께) | 詳細(상세) | 注文(주문) | 方法(방법) | 裏面(뒷면) | ご覧になる(보시다) | 紹介(소개)

해설 커피 원두의 정기 구입 고객에 대한 할인 서비스 중, 신상품과 그 외의 상품 할인 비율을 구분하여 파악해 두는 것이 포인트이다. 안내문에서는 정기 구입 고객은, 신상품 '겨울의 맛'을 15% 할인된 가격으로 구입할 수 있다고 안내하고 있다. 단, 10월 중으로 예약해야 한다고 되어 있으므로 정답은 2번이다. 10% 할인으로 구입할 수 있는 것은 신상품 외의 모든 상품이므로 4번은 오답이다.

(5) 정답 1

どういう日が「いい一日」であるかは人によって異なるだろうが、日記を書き続けることで、自分にとっての「いい一日」というものの構成要件(注)がわかってくる。どうすれば「いい一日」になるかがわかってくるということだ。そうなれば「いい一日」がたまたま訪れるのをただ待つのではなく、[59]「今日」が「いい一日」になるように、「今日はいい一日だった」と日記に書けるように、主体的に行動するようになるだろう。

(注) 構成要件: 構成するのに必要な条件

어떤 날이 '좋은 날'인지는 사람에 따라서 다르겠지만, 일기를 계속 쓰는 것으로 인해서, 자신에게 있어서 '좋은 하루'라는 것의 구성 요건을 알아 온다. 어떻게 하면 '좋은 하루'가 되는지가 알아 온다는 것이다. 그렇게 하면 '좋은 하루'가 우연히 찾아 오는 것을 단지 기다리는 것이 아니고, [59] '오늘'이 '좋은 하루'가 되도록 "오늘은 좋은 하루였다"고 일기에 쓸 수 있도록, 주체적으로 행동하게 될 것이다.

(주) 구성 요건 : 구성하는데 필요한 조건

[59] 筆者によると、日記を書き続けるとどうなるか。
1. 毎日を「いい一日」にしようとするようになる。
2. 毎日が「いい一日」だと思えるようになる。
3. 「いい一日」が訪れるのを楽しみにするようになる。
4. 「いい一日」をいつまでも忘れないようになる。

[59] 필자에 의하면, 일기를 계속 쓰면 어떻게 되는가?
1. 매일을 '좋은 하루'로 하려고 하게 된다.
2. 매일이 '좋은 하루'라고 생각할 수 있게 된다.
3. '좋은 하루'가 찾아오는 것을 기대하게 된다.
4. '좋은 하루'를 언제까지나 잊지 않게 된다.

어휘 異なる(다르다) | 日記(일기) | ~にとって(~에 있어서) | 構成要件(구성 요건) | たまたま(우연히) | 訪れる(찾아오다, 방문하다) | 主体的(주체적) | 行動(행동) | 楽しみにする(기대하다, 고대하다)

해설 필자의 생각을 고르는 문제 중, 질문문에 특정 키워드가 포함되어 있는 경우에는, 본문에 그 키워드가 포함되어 있는 문장을 주의 깊게 읽어 두면 좋다. 마지막 문장에서 필자는 "일기를 쓰는 것처럼, 오늘이 좋은 하루가 되도록 주체적으로 행동하게 된다"고 설명하고 있으므로 정답은 1번이다.

問題11 / 문제11

次の(1)から(3)の文章を読んで、後の問いに対する答えとして最もよいものを、1・2・3・4から一つ選びなさい。

다음 (1)에서 (3)의 문장을 읽고, 다음 질문에 대한 답으로서 가장 좋은 것을 1・2・3・4에서 하나 고르시오.

(1)

日本ではよく、「若者はもっと個性を発揮すべきだ」とか、「個性を磨くべきだ」などと言われます。**60** けれど私は、そういう言葉にはあまり意味がないと思っています。

また、日本では「個性」という言葉が主に人の外観に関して使われることにも、私は違和感を持っています。たとえば、「個性的なファッション、個性的なヘアスタイル」は、「人がアッと驚くような奇抜なスタイル」であることが多いでしょう。

(中略)

このように考えると、「個性=人より目立つこと」と、多くの人が錯覚しているのではないかと思います。

61 でも、根本的なことを言ってしまえば、この世に生まれた人間は一人残らず全員、それぞれの個性を持っています。だから、誰かに「磨きなさい」と命令されて、義務のように磨く必要などないのです。

あなたが生まれ持った個性は、明らかにあなただけのものです。世界中に、あなたと同じ個性を持つ人など誰一人としていないのですから、「他の人はどうかな?」とキョロキョロすることは不必要だし、他人の真似をする必要もありません。真似しようとしても真似できないのが、個性というものなのです。

62 あなた自身が「楽しい、面白い、不思議だ、ワクワクする、ドキドキする」と感じ、心から求めているものを優先すれば、それでいいのです。「磨く」とか「発揮する」などと意識しなくても、自分が本当に好きなもの、興味があることに気持ちが向かっていけば、自分の世界がどんどん広がっていく。それが本当の意味で「個性を磨く」ということです。

일본에서는 자주 "젊은이는 더 개성을 발휘해야 한다"라든가 "개성을 갈고 닦아야만 한다" 등이라고 듣습니다. **60** 하지만 나는 그러한 말은 별로 의미가 없다고 생각하고 있습니다.

또한, 일본에서는 "개성"이라는 말이 주로 사람의 외관에 관해서 사용되는 것도, 나는 위화감을 갖고 있습니다. 예를 들자면 "개성적인 패션, 개성적인 헤어 스타일"은 "사람이 깜짝 놀랄 것 같은 기발한 스타일"인 경우가 많겠죠.

(중략)

이렇게 생각하면, "개성=다른 사람보다 눈에 띄는 것"이라고, 많은 사람이 착각하고 있는 것은 아닐까 생각합니다.

61 하지만, 근본적인 것을 말해 버리면, 이 세상에 태어난 인간은 한 명도 남지 않고 전원, 각각 개성을 갖고 있습니다. 그러니까, 누군가에게 "갈고 닦아라"라고 명령 받고, 의무처럼 갈고 닦을 필요 따위 없는 것입니다.

당신이 태어나면서 갖고 있는 개성은 분명히 당신 만의 것입니다. 전세계에 당신과 같은 개성을 갖는 사람 따위 누구 한 명 없는 것이기 때문에, "다른 사람은 어떨까?"라고 힐끔거리는 것은 필요 없고, 타인의 흉내를 낼 필요도 없습니다. 흉내를 내려고 해도 흉내낼 수 없는 것이 개성이라는 것입니다.

62 당신 자신이 "즐겁다, 재미있다, 이상하다, 설렌다, 두근거린다"라고 느끼고, 마음에서 찾고 있는 것을 우선하면, 그것으로 좋은 것입니다. "갈고 닦는다"라든가 "발휘한다" 등이라고 의식하지 않아도, 자신이 정말로 좋아하는 것, 흥미가 있는 것에 기분이 향해 가면, 자신의 세계가 자꾸자꾸 확산되어 간다. 그것이 진정한 의미로 "개성을 갈고 닦는다"는 것입니다.

(注1) 違和感 : ここでは、なにか違うという感じ	(주1) 위화감 : 여기에서는 무언가 다르다는 느낌
(注2) 奇抜な : 珍しくて目立っている	(주2) 기발한 : 드물고 눈에 띄고 있다.
(注3) 錯覚する : 勘違いする	(주3) 착각하다 : 잘못 생각하다

어휘 若者(젊은이) | 個性(개성) | 発揮(발휘) | 磨く(연마하다, 갈고 닦다) | 意味(의미) | 主に(주로) | 外観(외관) | 違和感(위화감) | たとえば(예를 들자면) | ファッション(패션) | ヘアスタイル(헤어 스타일) | アッと驚く(깜짝 놀라다) | 奇抜(기발) | 目立つ(눈에 띄다) | 錯覚(착각) | ~のではないか(~인 것은 아닐까?) | でも(하지만) | 根本的(근본적) | 生まれる(태어나다) | 残らず(남지 않고) | 全員(전원) | 命令(명령) | 義務(의무) | 生まれ持つ(태어나면서부터 갖고 있다, 타고나다) | 明らかに(분명히, 명백히) | ~中(온~, 전~) | キョロキョロ(힐끔힐끔, 두리번 두리번) | 他人(타인) | 真似(흉내) | ワクワク(두근두근, 기쁘거나 기대되는 일이 있어 설레는 모습) | ドキドキ(두근두근, 무섭거나 공포스러운 일로 심장이 뛰는 모습) | 優先(우선) | 意識(의식) | 興味(흥미) | 珍しい(드물다) | 勘違い(잘못 생각하다) | 本来(본래) | 主張(주장) | 従う(따르다) | 周囲(주위) | 参考(참고) | 無理(무리) | 物事(모든 것·일, 물건과 일) | 努力(노력)

60 정답 1

日本人が使う「個性」という言葉について、筆者はどのように述べているか。	일본인이 사용하는 '개성'이라는 말에 대해서 필자는 어떻게 말하고 있는가?
1. 本来の意味とは違う使い方がされている。	1. 본래의 의미와는 다른 사용법을 하고 있다.
2. 意味がないと思っている人が多い。	2. 의미가 없다고 생각하고 있는 사람이 많다.
3. 主に若者に対して使われている。	3. 주로 젊은이에 대해서 사용하고 있다.
4. 人によって使い方がさまざまだ。	4. 사람에 따라서 사용법이 여러가지이다.

해설 「たとえば(예를 들자면)」 등 예시가 제시되어 있는 부분의 전후에는 필자의 주장이나 판단이 제시되어 있는 경우가 많다. 1번째 단락과 2번째 단락에서 필자는 일본인이 말하는 '개성'이라는 단어에 큰 의미가 없으며, '개성'이 주로 '외관'적인 부분을 나타내는 의미로 쓰이고 있다고 지적하고 있다. 즉, 본래의 의미와는 다르게 사용되고 있다고 주장하고 있으므로 정답은 1번이 된다.

61 정답 3

個性について、筆者の考えに合うものはどれか。	개성에 대해서 필자의 생각에 맞는 것은 어느 것인가?
1. 他人には理解できないものである。	1. 타인에게는 이해할 수 없는 것이다.
2. 人より目立つことで発揮できるものである。	2. 다른 사람보다 눈에 띄는 것으로 인해 발휘할 수 있는 것이다.
3. 人間なら誰でも持っているものである。	3. 인간이라면 누구나 갖고 있는 것이다.
4. ファッションを通して主張できるものである。	4. 패션을 통해서 주장할 수 있는 것이다.

해설 필자는 일본인이 '개성'이라는 단어를 착각하고 있다고 주장하는 근거로, 이 세상에 태어난 인간은 누구나 전원 다 각기 개성을 갖고 있다고 주장하고 있다. 즉, 인간이라면 누구나 개성을 갖고 있다는 것이므로 정답은 3번이 된다.

62 정답 1

筆者によると、本当の意味で「個性を磨く」とはどのようなことか。	필자에 의하면, 진정한 의미에서 '개성을 갈고 닦는다'란 어떠한 것인가?
1. 自分の心に従って、関心があることを追い求めること 2. 自分が好きかどうかより、個性的に見られるかどうかを優先すること 3. 周囲の意見を参考に、無理なく自分の世界を広げること 4. どんな物事にも、楽しさや面白さを見つける努力をすること	1. 자신의 마음에 따라, 관심이 있는 것을 쫓아 가는 것 2. 자신이 좋아하는지 어떤지보다, 개성적으로 보여지는지 어떤지를 우선하는 것. 3. 주위 의견을 참고로, 무리 없이 자신의 세계를 넓히는 것 4. 어떤 것에도 즐거움이나 재미를 발견할 노력을 하는 것

해설 지시어가 나타내는 의미를 파악하는 문제이다. 지시어가 가리키는 내용은 주로 지시어 앞 문장에 제시되어 있는 경우가 많은데, 앞 부분이 예시 부분일 경우, 개념 정리가 되어 있는 부분을 찾으면 쉽게 정답을 찾을 수 있다. 마지막 단락에서 필자는 "자신이 재미있다고 느끼는 것, 마음에서 찾는 것을 쫓아가다 보면 자신의 세계가 확산"되어 가고, 그것이 진정한 의미의 개성이라고 설명하고 있으므로 정답은 1번이 된다.

(2)

63 「話し言葉」の最も重要な特徴は、声を使うところにあるのではなく、聞き手が目の前にいるというところにあります。話し手と聞き手は、親しい関係の場合もあれば、初対面の人、行きずりの人の場合もありますが、少なくとも両者は、そこがどんな場所で、どんな状況であるかについて、一定の共通認識を持っています。同時に、相手がどういう人であるかについても、ある程度はわかります。

(中略)

64 ところが「書き言葉」になると、たとえ親しい相手への手紙でも、あちこちで説明が必要になります。自分しか読まないはずの覚え書きでも、時間がたつと書かれた状況がわからなくなりますから、「あとで読み返すかもしれない自分」への最低限の配慮はしておかなくてはなりません。説明するというのは、「自分には言葉にしなくてもわかっていること」を、わざわざ言葉にする作業ですから、とてもやっかいです。でも、そこがきちんとできていないと、誤解が生じて取り返しのつかない結果になることもありえます。面とむかっての話なら、相手が気を悪くすれば急いで謝ることもできますが、手紙だと、怒らせたことに気づかないまま関係が切れる恐れすらあるのです。

63 '회화체'의 가장 중요한 특징은 목소리를 사용한다는 점에 있는 것이 아니고, 청자가 눈 앞에 있다는 점에 있습니다. 화자와 청자는 친한 관계인 경우도 있다면, 첫 대면인 사람, 스쳐 지나치는 사람인 경우도 있습니다만, 적어도 양자는 거기가 어떤 장소이고 어떤 상황인가에 관해서 일정한 공통 인식을 갖고 있습니다. 동시에, 상대가 어떠한 사람인가에 관해서도 어느 정도는 알고 있습니다.

(중략)

64 그런데, '문어체'가 되면, 설령 친한 상대에 대한 편지라도 여기저기에 설명이 필요해집니다. 자신 밖에 읽지 않을 터인 메모라도, 시간이 지나면 쓴 상황을 모르게 되기 때문에, "나중에 다시 읽을지도 모르는 자신"에 대한 최저한의 배려는 해 두지 않으면 안 됩니다. 설명한다는 것은, "자신에게는 말로 하지 않아도 알고 있는 것"을 일부러 말로 하는 작업이기 때문에, 매우 성가십니다. 하지만 거기가 제대로 되어 있지 않으면 오해가 생겨서 되돌이킬 수 없는 결과가 되는 경우도 있을 수 있습니다. 얼굴을 맞대고 하는 이야기라면, 상대가 기분이 나빠지면 서둘러서 사과할 수도 있습니다만, 편지라면, 화가 나게 한 것을 깨닫지 못한 채 관계가 끊어질 우려조차 있는 것입니다.

65 ですから、「書き言葉」においては、文字の読み書きという知識に加えて、自分が書いたものを読む相手がどんな情報を必要としているかを推測する力、そして、その情報を、どんな言い方、どんな順序で提供すれば、わかってもらいやすく、誤解が生じにくいかを考える力が、いかに大きな意味を持つかがわかっていただけると思います。 (注1) 行きずりの人：たまたま会った人 (注2) 認識：理解 (注3) 配慮：気配り (注4) 取り返しのつかない：もとに戻せず大変な (注5) 面とむかって：対面して (注6) 推測する：ここでは、想像する (注7) いかに：どんなに	**65** 그러니까, '문어체'에 있어서는 문자를 읽고 쓴다는 지식에 더해서, 자신이 쓴 것을 읽을 상대가 어떤 정보를 필요로 하고 있는지를 추측하는 힘, 그리고 그 정보를 어떤 말투, 어떤 순서로 제공하면 알기 쉽고 오해가 생기기 어려운지를 생각하는 힘이 얼마나 큰 의미를 갖는지를 알아주셨으면 하고 생각합니다. (주1) 스쳐 지나치는 사람 : 우연히 만난 사람 (주2) 인식 : 이해 (주3) 배려 : 마음을 씀 (주4) 되돌이킬 수 없다 : 원래로 돌아가지 못하고 큰일인 (주5) 얼굴을 맞대고 : 대면하여 (주6) 추측하다 : 여기에서는 상상하다 (주7) 아무리, 얼마나 : 얼마나

어휘 話し言葉(회화체, 이야기 말투) | 重要(중요) | 特徴(특징) | 聞き手(청자, 듣는 사람) | 話し手(화자, 말하는 사람) | 初対面(첫 대면) | 行きずり(스쳐 지나치는 사람) | 少なくとも(적어도) | 両者(양자) | 一定(일정) | 共通(공통) | 認識(인식) | 同時(동시) | ところが(그런데) | 書き言葉(문어체, 쓰는 말투) | たとえ(설령) | 手紙(편지) | あちこち(여기저기) | 説明(설명) | 覚え書き(메모) | 読み返す(다시 읽다) | 最低限(최저한) | 配慮(배려) | わざわざ(일부러) | 作業(작업) | やっかい(귀찮은, 성가신) | 誤解(오해) | 取り返しのつかない(되돌이킬 수 없다) | 面と向かって(얼굴을 맞대고) | 謝る(사과하다) | 切れる(끊기다) | 恐れ(우려) | すら(~조차) | 推測(추측) | 順序(순서) | 提供(제공) | 気配り(마음을 씀) | 対面(대면) | 想像(상상) | 共有(공유) | 再び(다시, 재차) | 正確(정확)

63 정답 **4**

筆者によると、「話し言葉」の重要な特徴とは何か。 1. 話し手と聞き手が声を使って情報を共有するところ 2. 話し手と聞き手の関係が多様であるところ 3. 話し手が聞き手との親しさによって表現を使い分けるところ 4. 話し手が聞き手と場面を共有するところ	필자에 의하면 '회화체'의 중요한 특징이란 무엇인가? 1. 화자와 청자가 목소리를 사용하여 정보를 공유하는 점 2. 화자와 청자의 관계가 다양한 점 3. 화자와 청자와의 친밀함에 의해 표현을 나누어 사용하는 점 4. 화자가 청자와 장면을 공유하는 점

해설 특정 키워드의 의미를 파악하는 문제는, 그 키워드가 포함되어 있는 문장을 찾으면 쉽게 정답을 찾을 수 있다. 첫 문장에서 필자는 "회화체"의 가장 큰 특징은 "청자가 눈 앞에 있다는 것"이라고 했으므로 정답은 4번이다.

64 정답 1

誤解が生じてとあるが、どのような時に誤解が生じるのか。	오해가 생겨서라고 있는데, 어떠한 때에 오해가 생기는가?
1. 読み手に必要な情報を十分に説明していない時 2. 読み手が理解していることを再び説明してしまった時 3. 自分のために書いたものを相手に送ってしまった時 4. 気を悪くした相手にきちんと謝らなかった時	1. 읽는 사람에게 필요한 정보를 충분히 설명하지 않을 때 2. 읽는 사람이 이해하고 있는 것을 다시 설명해 버렸을 때 3. 자신을 위해서 쓴 것을 상대에게 보내 버렸을 때 4. 기분이 나빠진 상대에게 제대로 사과하지 않았을 때

해설 밑줄 부분의 의미를 파악하는 문제에서는, 우선 밑줄이 포함되어 있는 문장을 꼼꼼히 읽어 두는 것이 좋다. 이 문제에서는 밑줄이 포함되어 있는 문장의 지시어가 가리키는 내용을 파악하면 정답을 찾을 수 있다. 「そこ(거기)」는, "문어체의 경우 왜 여러가지 설명이 필요한지"를 가리키고 있다. 따라서 정답은 1번이다.

65 정답 2

「書き言葉」について、筆者の考えに合うのはどれか。	'문어체'에 대해서 필자의 생각에 맞는 것은 어느 것인가?
1. 相手がどのような情報を必要としているのかを調べることが大切だ。 2. 何をどのように書けば相手が理解できるかを考えることが大切だ。 3. 言い方や順序よりも文字と言葉の正確さを優先させたほうがいい。 4. 読み書きの知識よりも書く内容を重視したほうがいい	1. 상대가 어떠한 정보를 필요로 하고 있는가를 조사하는 것이 중요하다. 2. 무엇을 어떻게 쓰면 상대가 이해할 수 있는지를 생각하는 것이 중요하다. 3. 말투나 순서보다도 문자와 말의 정확함을 우선하는 편이 좋다. 4. 읽고 쓰는 지식보다도 쓰는 내용을 중시하는 편이 좋다

해설 순접의 접속사는, 앞 부분에 원인, 이유, 뒷 부분에 결과가 제시되어 있으므로, 순접의 접속사 뒷 부분을 보면 필자의 주장을 찾을 수 있다. 마지막 단락에서 필자는 쓰는 말에 있어서는, 읽는 사람이 어떤 정보가 필요할지 추측하는 힘이 중요하다고 말하고 있다. 따라서 정답은 2번이다.

(3)

従来、旅行業にとって顧客を喜ばせることは難しくなかった。 66 自分の行ったことがないところに行きたい、見たことがないものを見たい、食べたことのないものを食べたいというのが主なニーズであったし、長い休みの存在自体が旅行の動機になり得たからだ。だから参加者の多くは、そこに行って、そこそこの観光ができれば、十分に満足した。旅行会社は、価格を抑えるために人々を大量に効率良く送客すればよかった。北海道や沖縄、グアムやハワイ、アジアのリゾート地……場所の魅力を繰り返し伝え

종래, 여행업에 있어서 고객을 기쁘게 하는 것은 어렵지 않았다. 66 자신이 간 적이 없는 곳에 가고 싶다, 본 적이 없는 것을 보고 싶다, 먹은 적이 없는 것을 먹고 싶다는 것이 주된 요구였고, 긴 휴가의 존재 자체가 여행의 동기가 될 수 있기 때문이다. 그러니까 참가자 대부분은 거기에 가서 그럭저럭 관광을 할 수 있으면, 충분히 만족했다. 여행 회사는 가격을 억제하기 위해서 사람들을 대량으로 효율 좋게 소개하면 되었다. 홋카이도나 오키나와, 괌이나 하와이, 아시아 리조트……장소의 매력을 반복해서 전해서 계속

て刺激し続ければそれでよかった。

67 しかし、そうして多くの人がさまざまな場所に出掛けるようになると、今度はただ行くだけでは満足しなくなる。目的が必要になる。行ってどうするのか、何ができるのかという目的が重要になる。（中略）

この流れは現在も続いており、旅の動機づけとしては重要な視点となっている。 68 ただ、残念ながらそういうことをマスとしてとらえることが、価値観の多様化のなかで難しくなってきている。個々の目的を一つに束ねてマスの企画にすることが難しいのだ。ブームが発生しづらくなっている状況と原因は同じであろう。

(注1) 従来：これまで
(注2) 顧客：客
(注3) そこそこの：まあまあの
(注4) 効率良く：ここでは、経費や時間をかけずに
(注5) マス：集団

자극하면 그것으로 좋았다.

67 하지만 그렇게 해서 많은 사람이 여러 장소에 가게 되자, 이번에는 단지 가는 것만으로는 만족하지 않게 된다. 목적이 필요해진다. 가서 어떻게 하는 것인가, 무엇을 할 수 있는가, 라는 목적이 중요해진다. (중략)

이 흐름은 현재도 이어지고 있고, 여행의 동기 부여로서는 중요한 시점이 되어 있다. 68 단지, 안타깝지만 그러한 것을 집단으로서 파악하는 것이, 가치관의 다양화 속에서 어려워지고 있다. 개개의 목적을 한 개로 묶어서 집단의 기획으로 하는 것이 어려운 것이다. 붐이 발생하기 어려워지고 있는 상황과 원인은 같은 것일 것이다.

(주1) 종래 : 지금까지
(주2) 고객 : 손님
(주3) 그럭저럭인 : 쓸만한
(주4) : 효율 좋게 : 여기에서는 경비나 시간을 들이지 않고
(주5) 매스 : 집단

어휘 従来(종래) | 旅行業(여행업) | 顧客(고객) | 喜ばせる(기쁘게 하다) | ニーズ(수요, 필요성) | 存在(존재) | 自体(자체) | 参加者(참가자) | そこそこ(그럭저럭) | 観光(관광) | 満足(만족) | 価格(가격) | 抑える(억제하다) | 大量(대량) | 効率(효율) | 送客(손님을 보냄, 여행사가 손님에게 소개함) | 北海道(홋카이도, 지명) | 沖縄(오키나와, 지명) | リゾート(리조트) | 魅力(매력) | 繰り返す(반복하다, 되풀이하다) | 刺激(자극) | 出掛ける(외출하다) | 今度(이번) | 目的(목적) | 流れ(흐름) | 動機付け(동기 부여) | 視点(시점) | 残念ながら(안타깝지만) | マス(집단, 다수) | 多様化(다양화) | 個々(개개) | 束ねる(한 묶음으로 정리하다) | 企画(기획) | ブーム(붐, 유행) | 発生(발생) | 状況(상황) | 原因(원인) | 経費(경비) | 集団(집단) | のんびり(느긋하게) | 経験(경험) | 気に入る(마음에 들다) | 短期間(단기간) | 考え出す(생각해 내다) | 団体(단체)

66 정답 2

筆者によると、これまでの旅はどのようなものだったか。	필자에 의하면 지금까지의 여행은 어떠한 것이었는가?
1. 高くても遠い場所でのんびり過ごせればよかった。	1. 비싸도 먼 장소에서 느긋하게 보낼 수 있으면 됐다.
2. 経験したことのないことができればよかった。	2. 경험한 적이 없는 것을 할 수 있으면 됐다.
3. 気に入った場所に繰り返し行ければよかった。	3. 마음에 든 장소에 반복해서 갈 수 있으면 됐다.
4. 近くて安い場所に短期間行ければよかった。	4. 가깝고 싼 장소에 단기간 갈 수 있으면 됐다.

해설 첫 단락에서 필자는, 종래의 여행은 "가본 적이 없는 곳에 가는 것만으로도 고객의 요구를 충적할 수 있었다"고 말하고 있으므로, 정답은 2번이다.

67 정답 3

筆者によると、客は旅で何を重視するようになってきたか。	필자에 의하면 손님은 여행에서 무엇을 중시하게 되어 왔는가?
1. 一回の旅行でさまざまな場所へ行けるかどうか 2. 観光するだけで満足できるかどうか 3. 行ってしたいことができるかどうか 4. 新しい場所へ行けるかどうか	1. 1회의 여행에서 여러 장소에 갈 수 있는지 어떤지 2. 관광하는 것만으로 만족할 수 있는지 어떤지 3. 가서 하고 싶은 것을 할 수 있는지 어떤지 4. 새로운 장소에 갈 수 있는지 어떤지

해설 이전에는 가본 적이 없는 곳에 가는 것만으로도 자극을 받을 수 있었던 고객이, 여러 곳에 가는 경험을 하는 것으로 인해, 현재는 "가는 것만으로는 만족하지 못하고, 가서 어떤 것을 할지"를 중시하도록 변화했다고 말하고 있으므로 정답은 3번이다.

68 정답 1

筆者によると、旅行会社が難しいと感じている点は何か。	필자에 의하면, 여행 회사가 어렵다고 느끼고 있는 점은 무엇인가?
1. 個々のニーズに合った団体旅行を考え出すこと 2. 魅力を感じてもらえる場所を探し続けること 3. 旅行に行こうという気持ちにさせること 4. 価格を抑えた団体旅行を企画すること	1. 개개의 필요에 맞는 단체 여행을 생각해 내는 것 2. 매력을 느껴 받을 수 있는 장소를 계속 찾는 것 3. 여행을 가자는 기분으로 만드는 것 4. 가격을 억제한 단체 여행을 기획하는 것

해설 「ただ(단지)」는 필자가 신경이 쓰이는 부분이나, 예외가 되는 사항을 보충해서 설명할 때 사용하는 접속사이며, 이 접속사 뒷부분에는 필자의 주장과 연결되는 내용이 제시되어 있는 경우가 많으니, 주의하자. 마지막 단락에서 필자는, 과거와 달리 고객들은 여행의 목적을 중시하게 되었지만, 집단의 '여행의 목적'을 파악하는 것이 어려워지고 있다고 설명하고 있다. 따라서 정답은 1번 이다.

問題12 次のAとBの文章を読んで、後の問いに対する答えとして最もよいものを、1・2・3・4から一つ選びなさい。

문제12 다음 A와 B의 문장을 읽고, 다음 질문에 대한 답으로서 가장 좋은 것을 1·2·3·4에서 하나 고르시오.

公立の図書館では、利用者へのサービス向上のために、人気の高い本を複数冊置くことが増えている。 69 本が複数冊あれば、時に多くの利用者に貸し出せて、予約待ちの期間も短くできる。	공립 도서관에서는 이용자에 대한 서비스 향상을 위해서, 인기가 높은 책을 여러 권 두는 것이 늘고 있다. 69 책이 여러 권 있으면, 동시에 많은 이용자에게 빌려 주고, 예약을 기다리는 시간도 짧게 할 수 있다.

このような図書館の姿勢に対して、予算は限られているのだから買える本の種類が少なくなってしまうのではないかと心配する声もある。しかし、借りたい本がなかなか借りられない図書館では利用者は満足しないだろう。 70 公立の図書館は、多くの人々に読書のきっかけを与え、本を読む楽しさや喜びを感じてもらうようにする役割を持っている。

図書館に同じ本を複数冊置くことは、その役割を果たすための一つの方法だといえる。

이러한 도서관의 자세에 대해서 예산은 한정되어 있는 것이니까 살 수 있는 책의 종류가 적어져 버리는 것은 아닐까, 걱정하는 의견도 있다. 하지만, 빌리고 싶은 책을 좀처럼 빌릴 수 없는 도서관은 이용자도 만족하지 않을 것이다. 70 공립 도서관은 많은 사람들에게 독서의 계기를 부여하고, 책을 읽을 즐거움이나 기쁨을 느끼게 하도록 하는 역할을 갖고 있다.

도서관에 같은 책을 여러 권 두는 것은 그러한 역할을 완수하기 위한 하나의 방법이라고 할 수 있다.

B

最近公立の図書館では人気の高い本を複数購入しているそうだ。有名な作家の小説などが対象らしい。流行の本を早く読みたいという利用者の希望に応えようとする図書館の気持ちは理解できる。 69 しかし、どうしても早く読みたければ自分で買えばいいのだから、図書館がそのために多くの予算を使う必要はない。

70 税金で運営されている公立図書館の存在意義は、学問的に価値のある本や手に入りにくい本など、さまざまな種類の本を一冊でも多くそろえていることだ。書店にない本でも図書館に行けば読めるというのが本来の姿だろう。同じ本を多く買うことによってその役割が果たせなくなったら、利用者に対するサービスの低下につながるといえる。

최근 공립 도서관에서는 인기가 높은 책을 복수 구입하고 있다고 한다. 유명한 작가의 소설 등이 대상이라고 한다. 유행하는 책을 빨리 읽고 싶다는 이용자의 희망에 응답하려고 하는 도서관의 기분은 이해할 수 있다. 69 하지만, 아무래도 빨리 읽고 싶다면 스스로 사면 되니까, 도서관은 그 때문에 많은 예산을 사용할 필요는 없다.

70 세금으로 운영되고 있는 공립 도서관의 존재 의의는 학문적으로 가치가 있는 책이나 손에 넣기 어려운 책 등, 여러 종류의 책을 한 권이라도 많이 구비하고 있는 것이다. 서점에 없는 책이라도 도서관에 가면 읽을 수 있다는 것이 본래의 모습일 것이다. 같은 책을 많이 사는 것에 의해서 그 역할을 할 수 없게 되면, 이용자에 대한 서비스 저하로 연결된다고 할 수 있을 것이다.

어휘 公立(공립) | 図書館(도서관) | 向上(향상) | 複数(복수) | 冊(권) | 貸し出す(빌려주다, 대출하다) | 予約(예약) | 姿勢(자세) | ~に対して(~에 대해서) | 予算(예산) | 限られる(한정되다, 한하다) | 種類(종류) | 心配(걱정) | 声(의견, 목소리) | 借りる(빌리다) | なかなか(좀처럼) | 満足(만족) | 読書(독서) | 与える(주다, 부여하다) | 役割(역할) | 果たす(완수하다, 역할을 하다) | 最近(최근) | 人気(인기) | 購入(구입) | 有名(유명) | 作家(작가) | 小説(소설) | 対象(대상) | 流行(유행) | 希望(희망) | 応える(응하다, 부응하다) | 税金(세금) | 運営(운영) | 意義(의의) | 学問(학문) | 書店(서점) | 本来(본래) | 姿(모습) | 低下(저하) | 重視(중시) | 適切(적절) | 教養(교양) | 親しむ(친숙하게 느끼다, 친하게 지내다) | 確保(확보) | 環境(환경) | そろえる(갖추다, 구비하다)

| 69 | 정답 4 |

公立図書館が人気のある本を複数冊置くことについて、AとBはどのようにべているか。	공립 도서관이 인기가 있는 책을 여러 권 두는 것에 대해서 A와 B는 어떻게 말하고 있는가?
1. AもBも、利用者の希望を重視しすぎていると述べている。 2. AもBも、利用者へのサービス向上につながると述べている。 3. Aは予算が足りなくなると述べ、Bは図書館の存在意義が失われると述べている。 4. Aは利用者の満足度が高くなると述べ、Bは予算の使い方として適切でないと述べている。	1. A도 B도, 이용자의 희망을 너무 중시하고 있다고 말하고 있다. 2. A도 B도, 이용자에 대한 서비스 향상에 연결된다고 말하고 있다. 3. A는 예산이 부족해진다고 말하고, B는 도서관 존재 의의가 없어진다고 말하고 있다. 4. A는 이용자 만족도가 높아진다고 말하고, B는 예산 사용법으로서 적절하지 않다고 말하고 있다.

해설 통합 이해 파트에서는 두 개 지문의 각각의 주장과 그 근거에 대해서 파악해 두는 것이 좋다. 공립 도서관이 동일한 책을 여러 권 구입하는 것에 대해서 A는 "동시에 여러 사람이 빌릴 수 있어 기다리는 시간이 짧아져 만족도가 높아진다"고 긍정적인데 반해서 B는 "많은 예산을 사용할 필요가 없다"고 주장하고 있다. 따라서 정답은 4번이다.

| 70 | 정답 3 |

公立図書館の役割について、AとBはどのように述べているか。	공립 도서관 역할에 대해서 A와 B는 어떻게 말하고 있는가?
1. AもBも、利用者の教養を高めることだと述べている。 2. AもBも、読書が好きな人を増やすことだと述べている。 3. Aは利用者に読書に親しんでもらうことだと述べ、Bは貸し出す本の多様性を確保することだと述べている。 4. Aは利用者が読書を楽しめる環境を作ることだと述べ、Bは書店よりも新しい本をそろえることだと述べている。	1. A도 B도 이용자 교양을 높이는 것이라고 말하고 있다. 2. A도 B도 독서를 좋아하는 사람을 늘리는 일이라고 말하고 있다. 3. A는 이용자에게 독서를 즐겨 받는 일이라고 말하고, B는 빌려주는 책의 다양성을 확보하는 것이라고 말하고 있다. 4. A는 이용자가 독서를 즐길 환경을 만드는 것이라고 말하고, B는 서점보다도 새로운 책을 구비하는 것이라고 말하고 있다.

해설 A는 공립 도서관의 역할은 "많은 사람들에게 독서의 기회를 주고, 책을 읽는 즐거움을 느끼게 하는 것"이라고 주장하고 있으며, B는 "학문적으로 가치가 있는 책이나 손에 넣기 힘든 책을 구비해 두는 것"에 있다고 주장하고 있다. 따라서 정답은 3번이다.

問題13
次の文章を読んで、後の問いに対する答えとして最もよいものを、1・2・3・4から一つ選びなさい。
문제13
다음 문장을 읽고, 다음 질문에 대한 답으로서 가장 좋은 것을 1·2·3·4에서 하나 고르시오.

以下は、あるデザイナーの書いた文章である。

　私のアイディアのもとは、自分の生きてきた道の中にすべて詰まっているのだ、というふうに思っています。いままで生きてきた中で、感動したことを現代に持ち帰ってくる。

　71 過去の中で感動したことをコピーして、それをデザインしているのです。アイディアはいつも人から、時代からもらう。自分で考え出すことは少ないのです。

　72 私は、感動したときのシーンはよく覚えています。色も匂いも形も光も季節も、そのときの景色も、そのときその場に誰がいたかも、何を食べたかも、思い出の中に鮮明に刻み込まれています。感動すると、それくらい記憶装置が自動的に働いて、すべてを映し込んでいるのです。

（中略）

　中学の頃のこと、高校のあのとき、社会人になったときのこと、妻と旅をしたときの情景などいろいろなシーンが思い出されて、それを遡って切り取りにいくわけです。

　けれどもそれが、もやーっとしたもの(注1)だと切り取れない。なぜ、もやーっとするかと言えば、心の底から感動していないからです。しっかり感動していないと、持ち帰れないのです。

　感動は、自分の力だけでなく、親の力だったり、友だちの力だったり、ほかの人の力によってもつくられています。子どものときから大事に育てられたとか、自分を包んでくれる街がきちっと大人たちによって美しく保たれていたとか、そういう周囲の力でつくられている場合もあるわけです。

　そうした感動の思い出を大切に持ち帰ってきて、いまあるものとコラボレーション(注2)すると、新商品が生まれます。そういう意味では、まるっきりの新商品(注3)なんてあり得ません。アイディアはいつも、そんな過去の「感動の森」の中から探し出してくるものなのです。

이하는 어떤 디자이너가 쓴 문장이다.

　내 아이디어의 근원은 자신이 살아 온 길 안에 모두 가득 차 있는 것이다, 라는 식으로 생각하고 있습니다. 지금까지 살아온 안에서, 감동한 것을 현대에 가지고 돌아온다.

　71 과거 안에서 감동한 것을 복사해서, 그것을 디자인하고 있는 것입니다. 아이디어는 언제나 타인으로부터, 시대로부터 받는다. 스스로 생각해 내는 것은 적은 것입니다.

　72 나는, 감동했을 때의 장면은 잘 기억하고 있습니다. 색도 냄새도 형태도 빛도 계절도 그 때의 경치도, 그 때 그 장소에 누가 있었는지도, 무엇을 먹었는지도, 추억 안에 선명하게 새겨져 있습니다. 감동하면, 그 정도로 기억 장치가 자동적으로 작동하여 모든 것을 깊이 비추고 있는 것입니다.

（중략）

　중학교 무렵의 일, 고등학교 그 때, 사회인이 되었을 때의 일, 아내와 여행을 했을 때의 정경 등 여러가지 장면이 떠올라서, 그것을 되돌이켜 보고 잘라 내어 가는 것입니다.

　하지만 그것이 흐릿한 것이면 잘라낼 수 없다. 왜 흐릿한가 하면, 마음 깊은 곳에서 감동하고 있지 않기 때문입니다. 제대로 감동하고 있지 않으면, 가지고 돌아올 수 없는 것입니다.

　감동은, 자신의 힘 뿐만이 아니라, 부모의 힘이거나, 친구의 힘이거나, 다른 사람의 힘에 의해 만들어지고 있습니다. 아이 때부터 소중하게 자랐다든가, 자신을 감싸 준 마을이 제대로 어른들에 의해서 아름답게 유지되어 있다든가, 그러한 주위의 힘으로 만들어지고 있는 경우도 있는 것입니다.

　그러한 감동의 추억을 소중하고 가지고 돌아와서, 지금 있는 것과 콜라보레이션(주2) 하면, 신상품이 태어납니다. 그러한 의미에서는 완전한 신상품(주3) 따위 있을 수 없습니다. 아이디어는 언제나 그런 과거의 '감동의 숲' 속에서 찾아내어 오는 것입니다.

73 いい思い出がたくさんあるかどうか、いい人に会ったかどうか、美味しいものを食べたかどうか。そういうヒト・コト・モノとのよき思い出の引き出しをどれだけ持っているかによって、アイディアの湧き出る量は変わるのです。
(注4)

(注1) もやーっとした：はっきりしない
(注2) コラボレーションする：ここでは、組み合わせる
(注3) まるっきりの：全くの
(注4) 湧き出る：ここでは、生まれてくる

　　73 좋은 추억이 많이 있는지 어떤지, 좋은 사람을 만났는지 어떤지, 맛있는 것을 먹었는지 어떤지. 그러한 사람·일·물건과의 좋은 추억의 서랍을 얼마나 가지고 있는지에 따라서, 아이디어가 솟아 나오는 양은 바뀌는 것입니다.
(주4)

(주1) 흐릿~한 : 확실하지 않은
(주2) 콜라보레이션하다 : 여기에서는 합작하다
(주3) 아주인 : 전혀인
(주4) 솟아 나오다 : 여기에서는 태어나 오다

어휘 デザイナー(디자이너) | アイディア(아이디어) | もと(근본, 토대, 근원) | 詰まる(가득차다) | 感動(감동) | 現代(현대) | 持ち帰る(가지고 돌아오다) | 過去(과거) | コピー(복사, 베낌) | デザイン(디자인) | 時代(시대) | シーン(장면) | 匂い(냄새) | 季節(계절) | 景色(경치) | 思い出(추억) | 鮮明(선명) | 刻み込む(새겨 넣다) | 記憶(기억) | 装置(장치) | 自動的(자동적) | 映し込む(비추다) | 妻(아내) | 旅(여행) | 情景(정경) | 遡る(거슬러 올라가다) | 切り取る(잘라내다) | けれども(하지만) | モヤーっとする(흐릿하다) | 親(부모) | 大事(소중한) | 育つ(자라다) | 包む(감싸다, 싸다) | 街(거리, 마을) | コラボレーション(콜라보레이션) | まるっきり(전혀, 아주) | 探し出す(찾아내다) | 美味しい(맛있다) | 引き出し(서랍) | 湧き出る(솟아 나오다) | 語る(말하다) | 生かす(살리다) | ヒント(힌트) | 豊富(풍부)

---

71 정답 2

感動したことを現代に持ち帰ってくるとは、どのようなことか。	감동한 것을 현대에 가지고 돌아오다란, 어떠한 것인가?
1. 感動したシーンを人に語る。	1. 감동한 장면을 다른 사람에게 말하다.
2. 感動した記憶をデザインに生かす。	2. 감동한 기억을 디자인에 살린다.
3. 過去に流行したデザインをコピーする。	3. 과거에 유행한 디자인을 복사한다.
4. 人が感動したことからデザインのヒントをもらう。	4. 다른 사람이 감동한 것에서 디자인의 힌트를 받는다.

해설 「感動したことを現代に持ち帰ってくる(감동한 것을 현대에 가지고 돌아오다)」의 의미를 그 다음 문장에서 설명하고 있는데, "과거에 감동한 것을 베껴서 디자인에 살리고 있다"고 했으므로 정답은 2번이다.

---

72 정답 4

感動について、筆者の考えに合うのはどれか。	감동에 대해서 필자의 생각에 맞는 것은 어느 것인가?
1. 感動は周囲の力でしかつくられない。	1. 감동은 주위 힘으로 밖에 만들어지지 않는다.
2. 感動したことは年を取るにつれて思い出せなくなる。	2. 감동한 것은 나이를 먹는 것에 따라서 생각나지 않게 된다.
3. 周囲の力でつくられた感動は記憶に残りやすい。	3. 주위 힘으로 만들어진 감동은 기억에 남기 쉽다.
4. 心の底から感動したことは鮮明な思い出となる。	4. 마음의 깊은 곳에서 감동한 것은 선명한 추억이 된다.

해설 3번째 단락에서 필자는, 마음 속 깊이 감동한 것은 색채도 형태도 경치도 선명하게 추억 속에 새겨진다고 했으므로 정답은 4번이 된다.

73 정답 3

アイディアについて、筆者はどのように考えているか。	아이디어에 대해서, 필자는 어떻게 생각하고 있는가?
1. 記憶力が強いほど、アイディアが生まれやすくなる。 2. 他人の力を上手に利用することで、アイディアが商品につながる。 3. 感動した思い出が豊富であるほど、多くのアイディアが生まれる。 4. 感動をヒト・コト・モノに分けて考えると、いいアイディアが生まれる。	1. 기억력이 강할수록, 아이디어가 태어나기 쉬워진다. 2. 타인의 힘을 잘 이용하는 것으로 인해, 아이디어가 상품으로 연결된다. 3. 감동한 추억이 풍부할수록, 많은 아이디어가 생겨난다. 4. 감동을 사람・일・물건으로 나누어서 생각하면, 좋은 아이디어가 생겨난다.

해설 필자의 주장을 찾는 문제이다. 마지막 단락에서 필자는 "감동의 서랍을 얼마나 가지고 있는가에 따라서 솟아 나오는 아이디어의 양이 달라진다"고 했다. 여기에서 '감동의 서랍'은 과거에 감동한 추억을 나타내므로, 필자는 감동한 추억이 많을수록, 솟아 나오는 아이디어 양이 많아진다고 생각하고 있다는 것을 알 수 있다. 따라서 정답은 3번이 된다.

問題14 / 문제14

右のページは、あるホテルのホームページに載っている案内である。下の問いに対する答えとして最もよいものを、1・2・3・4から一つ選びなさい。

오른쪽 페이지는, 어떤 호텔 홈페이지에 게재되어 있는 안내이다. 다음 문장을 읽고, 다음 질문에 대한 답으로서 가장 좋은 것을 1・2・3・4에서 하나 고르시오.

ミハマホテル / 미하마 호텔

ビュッフェのご案内 / **뷔페 안내**

レストラン「ベルン」および「みよし」では、以下のビュッフェをご用意しております。
お好みの料理を食べ放題でお楽しみください。

레스토랑 '베룬' 및 '미요시'에서는 이하의 뷔페를 준비하고 있습니다.
좋아하시는 요리를 마음껏 즐겨 주세요.

ベルン(洋食)
◆ランチ 11:30~14:00 (制限時間90分)
料金 (平日) おとな 3,300円
　　　　　シニア 3,000円 こども 1,700円
　　　(土日・祝日) おとな 4,000円
　　　　　シニア 3,700円 こども 2,000円

베룬(양식)
◆ 런치 11:30~14:00 (제한 시간 90분)
　요금 (평일) 어른 3,300엔
　　　　　시니어 3,000엔 아이 1,700엔
　　　(주말・축일) 어른 4,000엔
　　　　　시니어 3,700엔 아이 2,000엔

◆ デザート 15:00～17:00 （制限時間60分）
料金 （平日） おとな 2,500円
　　　　　　　シニア 2,200円　こども 1,500円
　　　（土日・祝日） おとな 3,000円
　　　　　　　シニア 2,700円　こども 1,800円
◆ 夕食 18:00～21:00 （制限時間2時間）
料金 （平日） おとな 5,500円
　　　　　　　シニア 5,000円　こども 2,000円
　　　（土日・祝日） おとな 6,000円
　　　　　　　シニア 5,500円　こども 2,500円

"際特別テーブル"のご案内
レストラン「ベルン」では、海が見渡せる窓際の特別席をご用意しております。
最高の眺めとともにビュッフェをお楽しみください。
ビュッフェ料金に、1テーブル（2～4名様）1,000円の追加料金でご利用いただけます。

みよし(和食)

◆ **74** ランチ 11:00～16:00 （制限時間2時間）
　　　土日・祝日のみ
　　料金 おとな 4,500円
　　　　　シニア 4,200円　こども 2,200円

※ビュッフェ料金の区分について（ベルン・みよし共通）
　おとな…中学生から64歳までのお客様
　シニア…65歳以上のお客様
　こども…4歳から小学生までのお子様（3歳以下のお子様は無料です。）

ご予約・お問い合わせ
ベルン 031-277-1116（直通）/
みよし 031-277-1119（直通）

◆ 디저트 15:00~17:00 (제한 시간 60분)
　요금 (평일) 어른 2,500엔
　　　　　　시니어 2,200엔 아이 1,500엔
　　　(주말·축일) 어른 3,000엔
　　　　　　시니어 2,700엔 아이 1,800엔
◆ 저녁 18:00~21:00 (제한 시간 2시간)
　요금 (평일) 어른 5,500엔
　　　　　　시니어 5,000엔 아이 2,000엔
　　　(주말·축일) 어른 6,000엔
　　　　　　시니어 5,500엔 아이 2,500엔

"창가 특별 테이블 안내"
레스토랑 '베룬'에서는, 바다를 내다볼 수 있는 창가 특별석을 준비하고 있습니다.
최고의 조망과 함께 뷔페를 즐겨 주세요. 뷔페 요금에 1테이블(2~4명) 1,000엔의 추가 요금으로 이용하실 수 있습니다.

미요시(일식)

◆ **74** 런치 11:00~16:00 (제한 시간 2시간)
　　토일·축일만
　요금 어른 4,500엔
　　　　시니어 4,200엔 아이 2,200엔

※뷔페 요금 구분에 대해서(베룬·미요시 공통)
　어른…중학생에서 64세까지의 손님
　시니어…65세 이상인 손님
　아이…4세부터 초등학교까지의 자녀분(3세 이하의 자녀분은 무료입니다.)

예약·문의
베룬 031-277-1116(직통)/
미요시 031-277-1119(직통)

어휘 ビュッフェ(뷔페) | 用意(대비, 준비) | 食べ放題(무한 리필) | 洋食(양식) | 制限(제한) | 時間(시간) | 料金(요금) | シニア(시니어) | 平日(평일) | 祝日(축일) | デザート(디저트) | 夕食(저녁) | 窓際(창가) | 特別席(특별석) | 見渡す(멀리 내다보다, 조망하다) | 最高(최고) | 眺め(전망, 조망) | 追加(추가) | 和食(일식) | 区分(구분) | 共通(공통) | お子様(자녀분) | 予約(예약) | 問い合わせ(문의) | 直通(직통) | 妻(아내) | 一緒に(함께)

74 정답 4

ユンさんは、来週ミハマホテルのビュッフェに行きたいと考えている。金曜か土曜の12時から17時の間で、2時間いられるものがいい。ユンさんの希望に合うビュッフェはどれか。	윤 씨는, 다음 주 미하마 호텔 뷔페에 가고 싶다고 생각하고 있다. 금요일이나 토요일 12시부터 17시 사이에, 2시간 있을 수 있는 것이 좋다. 윤 씨의 희망에 맞는 뷔페는 어느 것인가?
1.「ベルン」のランチビュッフェ 2.「ベルン」のデザートビュッフェ 3.「ベルン」の夕食ビュッフェ 4.「みよし」のランチビュッフェ	1. '베룬' 런치 뷔페 2. '베룬' 디저트 뷔페 3. '베룬' 저녁 뷔페 4. '미요시' 런치 뷔페

해설 조건이 여러 개 있을 때에는 시간, 요일 등을 하나씩 체크하며, 맞지 않는 것을 소거해 나가는 것이 중요하다. 우선, 윤 씨는 '금요일이나 토요일'을 희망하고 있으므로, 평일, 주말 다 가능하다. 시간은 12시부터 17시까지라고 했으므로 '베룬'의 저녁 뷔페에는 갈 수 없으므로 3번은 오답이 된다. 마지막으로 시간 제한을 살펴보면, '베룬의 런치 뷔페'는 제한 시간이 90분, '베룬의 디저트 뷔페'는 제한 시간이 60분이므로 1번과 2번도 오답이 된다. 즉, 윤 씨의 희망에 맞는 뷔페는 주말에만 하는 미요시의 런치 뷔페가 되므로 정답은 4번이다.

75 정답 3

エンリケさんは、今度の土曜日に妻と一緒にレストラン「ベルン」の夕食ビュッフェに行き、「窓際特別テーブル」を利用したい。エンリケさんは63歳、妻は66歳である。エンリケさんたちの料金はどのようになるか。	엔리케 씨는 오는 토요일에 아내와 함께 레스토랑 '베룬' 저녁 뷔페에 가서 '창가 특별 테이블'을 이용하고 싶다. 엔리케 씨는 63세, 아내는 66세이다. 엔리케 씨들의 요금은 어떻게 되는가?
1. エンリケさん6,000円、妻6,000円のみ 2. エンリケさん6,000円、妻6,000円、テーブル料金1,000円 3. エンリケさん6,000円、妻5,500円、テーブル料金1,000円 4. エンリケさん5,500円、妻5,500円、テーブル料金1,000円	1. 엔레케 씨 6,000엔, 아내 6,000엔만 2. 엔리케 씨 6,000엔, 아내 6,000엔, 테이블 요금 1,000엔 3. 엔리케 씨 6,000엔, 아내 5,500엔, 테이블 요금 1,000엔 4. 엔리케 씨 5,500엔, 아내 5,500엔, 테이블 요금 1,000엔

해설 엔리케 씨와 아내는 토요일에 베룬의 저녁 뷔페, 창가 특별석을 이용하고 싶다고 했다. 베룬은 평일 요금과 주말 요금이 각각 다르니 주의하자. 베룬의 주말 저녁 뷔페는 어른이 6,000엔, 시니어가 5,500엔, 아이가 2,500엔인데, 나이 구분을 보면 65세 이상을 시니어로 규정하고 있다. 엔리케 씨는 63세, 아내는 66세라고 했으므로 엔리케 씨는 6,000엔, 아내는 5,500엔이 된다. 또한 창가 특별석을 이용하기 위해서는 1,000엔의 추가 요금이 필요하므로, 정답은 3번이 된다.

2교시 청해

問題1 / 문제1

問題1では、まず質問を聞いてください。それから話を聞いて、問題用紙の1から4の中から最もよいものを一つ選んでください。

문제1에서는 우선 질문을 들어주세요. 그리고 나서 이야기를 듣고, 문제용지 1에서 4중에서 가장 좋은 것을 하나 골라 주세요.

(M 남성 | F 여성)

예 정답 3

授業で学生が話しています。学生は授業を休んだとき、どのように宿題を確認しますか。	수업에서 선생님이 이야기하고 있습니다. 학생은 수업을 쉬었을 때, 어떻게 숙제를 확인합니까?
1. 先生にメールで聞く 2. 友達にメールで聞く 3. 研究室の前のけいじを見る 4. りょうの前のけいじを見る	1. 선생님에게 메일로 묻는다. 2. 친구에게 메일로 묻는다. 3. 연구실 앞 게시판을 본다. 4. 기숙사 앞 게시판을 본다.
M：ええと、この授業を休むときは、必ず前の日までに連絡してください。 F：メールでもいいですか。 M：はい、いいですよ。あ、それから、休んだときは、私の研究室の前の掲示を見て、宿題を確認してください。友達に聞いたりしないで、自分で確かめてちゃんとやってきてくださいね。 F：はい。 M：それから、今日休んだ人、リンさんですね、リンさんは、このこと知りませんから、だれか伝えておいてくれますか。 F：あ、私、リンさんに伝えておきます。同じ寮ですから。 M：じゃ、お願いします。	M：음~, 이 수업을 쉬었을 때는, 반드시 전 날까지 연락해 주세요. F：메일이라도 괜찮습니까? M：네, 괜찮습니다. 앗, 그리고, 쉬었을 때는 내 연구실 앞 게시판을 보고, 숙제를 확인해 주세요. 친구에게 묻거나 하지 말고, 스스로 확인해서 제대로 해 와 주세요. F：네. M：그리고, 오늘 쉰 사람, 린 씨네요, 린 씨는, 이 걸 모르니까, 누군가가 전달해 둬 주시겠습니까? F：아, 저, 린 씨에게 전달해 두겠습니다. 같은 기숙사니까요. M：그럼, 부탁합니다.
学生は授業を休んだとき、どのように宿題を確認しますか。	학생은 수업을 쉬었을 때, 어떻게 숙제를 확인합니까?

어휘 授業(수업) | 宿題(숙제) | 研究室(연구실) | 連絡(연락) | 掲示(게시) | 確かめる(확인하다) | 寮(기숙사)

해설 과제이해 파트에서는 대화문 중에서 특정 동작이나 행동을 하는 순서나 방법을 문제가 출제된다. 질문문에 키워드가 제시되니, 질문문을 잘 들어 두는 것이 중요하다. 질문문을 보면 "수업을 쉬었을 때 학생은 어떻게 숙제를 확인하는지"를 묻고 있다. 따라서, 대화 내용 중에서 숙제 확인 방법을 설명한 부분을 주의해 들어야 한다. 선생님은 쉬었을 때는 연구실 앞 게시판을 보고 스스로 숙제를 확인하라고 했으므로 정답은 3번이다.

1번 정답 1

会社で課長と男の人が話しています。男の人はこのあと何をしますか。	회사에서 과장과 남자가 이야기하고 있습니다. 남자는 이 뒤에 무엇을 합니까?
1. 先週の会議の記録を作成する 2. 調査結果を入力する 3. 林さんに電話をする 4. プレゼンのしりょうを作成する	1. 지난 주 회의 기록을 작성한다. 2. 조사 결과를 입력한다. 3. 하야시 씨에게 전화를 한다. 4. 프레젠테이션 자료를 작성한다.
F:ちょっといい？ M:はい、課長。 F:今、林さんから電話があって、お子さんが熱を出して今日は会社を休むそうなの。それで、悪いんだけど、先週の会議の内容を代わりにまとめてもらえない？明日の会議で使うから、今日の昼までにお願いしたいんだけど。前もやったことあるよね。 M:あ、はい。ただ、午前中にその作業が入ると、今やってる調査結果の入力が、今日中には終わらなくなってしまいますが。 F:ああ、じゃ、今してもらってるほうは、ほかの人にお願いしましょう。 M:分かりました。作業の詳細は、林さんに電話で確認したほうがいいですか。 F:あ、パソコンにある共有フォルダーに途中まで作業したのが入っていて、見れば分かるそうだから。 M:はい、分かりました。 F:この前も、ほかの人が休んだときに、プレゼンの資料を作ってもらったよね。申し訳ないけど、よろしくね。 M:はい。	F:잠깐 괜찮을까? M:네, 과장님. F:지금 하야시 씨에게서 전화가 와서, 자녀 분이 열이 나서, 오늘은 회사를 쉰다고 해. 그래서, 미안한데, 지난 주 회의 내용을 대신 정리해 줄 수 있을까? 내일 회의에서 사용하니까, 오늘 점심까지 부탁하고 싶은데. 전에도 한 적 있지? M:앗, 네. 단, 오전 중에 그 작업이 들어가면 지금 하고 있는 조사 결과 입력이, 오늘 중으로 끝나지 못하게 되어 버리는데요. F:흐음~, 그럼 지금 해 주고 있는 쪽은, 다른 사람에게 부탁합시다. M:알겠습니다. 작업 상세는 하야시 씨에게 전화로 확인하는 편이 좋을까요? F:아, 컴퓨터에 있는 공유 폴더에 도중까지 작업한 것이 들어 있어서, 보면 알 수 있다고 하니까. M:네, 알겠습니다. F:요 전에도 다른 사람이 쉬었을 때, 프레젠테이션 자료를 만들었었지? 미안한데, 잘 부탁해. M:네.
男の人はこのあと何をしますか。	남자는 이 뒤에 무엇을 합니까?

어휘 課長(과장) | 記録(기록) | 調査(조사) | 結果(결과) | 入力(입력) | 電話(전화) | 資料(자료) | 作成(작성) | 熱(열) | 作業(작업) | 詳細(상세) | 共有(공유) | フォルダー(폴더) | 途中(도중) | プレゼン(프레젠테이션 줄임말)

해설 여자는 남자 직원에게 하야시 씨 대신에 회의 자료를 정리해 달라고 부탁하고 있다. 지금 하고 있는 작업은 다른 사람에게 부탁하고, 오전 중으로 회의 자료를 정리해 달라고 했으므로 정답은 1번이다. 지금 하고 있는 작업과 우선 해야 할 작업을 구분하여 듣는 것이 포인트이다.

2번 정답 2

駅の改札口で女の人と駅員が話しています。女の人は、今ここでいくら払いますか。	역 개찰구에서 여자와 역무원이 이야기하고 있습니다. 여자는 지금 여기에서 얼마 지불합니까?
1. 2000円 2. 1000円 3. 900円 4. 100円	1. 2000엔 2. 1000엔 3. 900엔 4. 100엔
F：すみません。切符をなくしてしまって。山川駅から乗ったんですが。よく探したんですけど、見つからなくて。 M：もう一度、乗車券を購入していただくことになります。 F：あのう、全額払わなければなりませんか。 M：はい。山川駅からですと、1,000円ですね。 F：でも、確かに切符を買ったんですが。2,000円も払うことになっちゃうんですけど。 M：同じ切符を2回払っていただくことになってしまいますが、そういう規則ですので。申し訳ありません。 F：そうですか。 M：今から、切符を再発行したという証明書をお出ししますので、なくされた乗車券が出てきましたら、どちらの駅でもけっこうですので、証明書とその乗車券をご提示ください。そうしましたら、乗車料金から払い戻しの手数料分100円を差し引いた900円をご返金しますので。 F：分かりました。	F：죄송합니다. 표를 잃어 버려서, 야마카와 역에서 탔는데요. 잘 찾아봤지만, 보이지 않아서. M：다시 한 번, 승차권을 구입해 받게 됩니다. F：저어, 전액 지불하지 않으면 안됩니까? M：네. 야마카와 역에서부터면, 1,000엔입니다. F：하지만, 확실히 표를 샀는데요. 2,000엔이나 지불하게 되어 버리는데요. M：같은 표를 2번 사 받게 되어 버립니다만, 그러한 규칙이기 때문에. 죄송합니다. F：그렇습니까? M：지금부터, 표를 재발행 했다는 증명서를 발행할 테니까, 잃어버리신 승차권이 나오면, 어느 역이라도 괜찮으니, 증명서와 그 승차권을 제시해 주세요. 그러면, 승차 요금에서 환불 수수료 분 100엔을 차감한 900엔을 환불할 테니까요. F：알겠습니다.
女の人は、今ここでいくら払いますか。	여자는 지금 여기에서 얼마 지불합니까?

어휘 改札口(개찰구) | 駅員(역무원) | 払う(지불하다) | 切符(표) | 乗車券(승차권) | 購入(구입) | 全額(전액) | 確かに(확실히) | 規則(규칙) | 再発行(재발행) | 証明書(증명서) | 提示(제시) | 払い戻す(되돌려 주다, 환불하다) | 差し引く(빼다, 차감하다) | 返金(환불) | 手数料(수수료)

해설 여성은 표를 분실했는데, 표를 분실했을 경우, 같은 표를 2번 구매하고, 재발행 증명서를 발행 받는다고 했다. 같은 표를 2번 구매하여 총 2,000엔을 지불하게 되지만, 지금 여자가 지불하는 것은 1,000엔이므로 정답은 2번이다. 총액과 '지금' 지불하는 금액, 나중에 잃어버린 승차권을 찾았을 때 환불 받을 수 있는 금액을 구분하여 듣는 것이 포인트이다.

3번 정답 2

大学での男の学生と女の学生が話しています。男の学生はこのあとまず何をしますか。	대학교에서 남자 학생과 여자 학생이 이야기하고 있습니다. 남자 학생은 이 뒤에 우선 무엇을 합니까?
1. ちゅうりんじょうで張り紙を見る 2. 大学でしんせいしょのじゅんびをする 3. 市役所にしんせいしょを取りに行く 4. 市役所でがくせいしょうをコピーする	1. 자전거 주차장에서 벽보를 본다. 2. 대학교에서 신청서 준비를 한다. 3. 시청에 신청서를 받으러 간다. 4. 시청에서 학생증 복사를 한다.
M:あ、中野さん、中野さんって大学の最寄駅の駐輪場借りて、大学まで自転車で来てるよね。僕も駅前の駐輪場を借りたいんだけど、どうやって申請するか教えてくれない？ F:うん。でも申請の締め切りって毎月二十日だから、今日締め切りだよ。 M:え、ほんと？ F:うん。駐輪場に張り紙がしてあったの見たよ。 M:そうなんだ。今日4時半まで授業あるのにどうしよう。申し込みは駐輪場の受け付けでするの？ F:ううん、市役所。窓口は5時までだから、申請書を用意して予め記入しておけば、ぎりぎり間に合うんじゃない？ M:でも、申請書は、市役所に取りに行かないとだめなんだよね？ F:市役所のホームページからもダウンロードできるよ。午後の授業が始まるまでまだ時間あるから、印刷して、すぐ提出できる状態にしておいたら？ M:うん、そうする。申請書のほかに必要な書類ってあ る？ F:学生証のコピーがいるんだけど、それは、市役所でコピーすればいいよ。 M:分かった。	M : 저기, 나카노 씨, 나카노 씨는 대학교에서 가장 가까운 역 자전거 정류장을 빌려서 대학교까지 자전거로 오고 있죠? 나도 역 앞 자전거 정류장을 빌리고 싶은데, 어떻게 신청하는지 가르쳐 주지 않을래요? F : 응, 하지만 신청 마감은 매달 20일이니까, 오늘 마감이야. M : 뭐? 정말? F : 응, 주차장에 벽보가 붙어 있었던 것을 봤어. M : 그렇구나. 오늘 4시까지 수업이 있는데 어떻게 하지? 신청은 주차장 접수에서 해? F : 아니, 시청. 창구는 5시까지니까 신청서를 준비해서 미리 기입해 두면, 아슬아슬하게 시간에 맞지 않을까? M : 그래도, 신청서는 시청에 받으러 가지 않으면 안 되지? F : 시청 홈페이지에서도 다운로드 할 수 있어. 오후 수업이 시작되기까지 아직 시간이 있으니까. 인쇄해서 바로 제출할 수 있는 상태로 해두면? M : 응, 그렇게 할게. 신청서 외에 필요한 서류는 있어? F : 학생증 복사가 필요하지만 그건 시청에서 복사 하면 돼. M : 알았어.
男の学生はこのあとまず何をしますか。	남자 학생은 이 뒤에 우선 무엇을 합니까?

어휘 張り紙(벽보) | 市役所(시청) | 最寄り駅(가장 가까운 역) | 駐輪場(자전거 주차장) | 申請(신청) | 締め切り(마감) | 申し込む(신청하다) | 受け付け(접수) | 窓口(창구) | 予め(미리, 사전에) | 記入(기입) | ぎりぎり(아슬아슬하게) | 印刷(인쇄) | 提出(제출) | 学生証(학생증)

해설 자전거 주차장을 빌리는 신청을 하는 전체 순서와 이 남자 학생이 우선 해야 하는 일을 구분하여 듣는 것이 포인트이다. 자전거 주차장을 빌리려면 우선 시청에 가서 접수를 해야 하고, 신청에는 학생증 복사가 필요하다. 남자 학생은 신청서를 작성하지 않은 상태라는 것을 알 수 있으므로, 신청서를 작성해야 하는데, 신청서는 시청 홈페이지에서 다운로드 할 수 있다고 했다. 또한, 학생증은 시청에 가서 접수할 때 복사 가능하다고 했으므로, 남자 학생이 우선 해야 할 일은 시청 홈페이지에서 신청서를 인쇄해서 바로 제출할 수 있는 상태로 작성해 두는 것이다. 따라서 정답은 2번이다.

4번 정답 4

女の人と男の人が話しています。女の人はこのあとまず何をしますか。	여자와 남자가 이야기하고 있습니다. 여자는 이 뒤에 우선 무엇을 합니까?
1. インターネットで店をさがす 2. 木村さんに道具を借りる 3. アウトドア用品の店で道具を買う 4. 初心者向けのこうざに参加する	1. 인터넷에서 가게를 찾는다. 2. 기무라 씨에게 도구를 빌린다. 3. 아웃도어 용품 가게에서 도구를 산다. 4. 초심자용 강좌에 참가한다.
F : 木村さん、夏休みに家族でキャンプに行きたいんですが、初めてなんで、道具とかどうしたらいいか分からなくて。木村さんはよく行かれるんですよね。何かアドバイスいただけませんか。 M : うーん、最近はインターネットにいろんな情報が載ってるから、まずはネットで調べてみたら？ F : そう思って調べてみたんですけど、情報が多すぎてよく分からなかったんです。 M : そっか。僕のを貸してあげてもいいんだけど一人用のだからな。 F : そうですか。 M : あ、アウトドア用品の専門店が企画してるキャンプの講座があるんだけど、お店、紹介しようか。初めての人対象で、キャンプのベテランがいろいろ教えてくれるよ。 F : へえ。でも、それに出たら、その店でキャンプの道具を買わされたりしないですか。 M : まあ、宣伝も兼ねてるんだろうけど、無理やりなんてことはないよ。 F : それならいいですね。じゃ、そうします。	F : 기무라 씨, 여름 방학에 가족끼리 캠프에 가고 싶은데, 처음이라서, 도구라던가 어떻게 하면 좋을지 몰라서. 기무라 씨는 자주 가시죠? 무언가 조언받을 수 있을까요? M : 으~음, 최근에는 인터넷에 여러 정보가 실려 있으니까, 우선은 인터넷에서 조사해 보면 어떨까? F : 그렇게 생각하고 조사해 봤는데, 정보가 너무 많아서 잘 모르겠어요. M : 그래? 내 것을 빌려 줘도 좋은데, 1인용이라서. F : 그렇습니까? M : 아웃도어 용품 전문점이 기획하고 있는 캠프 강좌가 있는데, 가게 소개해 줄까? 처음인 사람 대상으로 캠프 베테랑이 여러가지 가르쳐 줘. F : 흠~, 하지만 거기에 나가면, 그 가게에서 캠프 도구를 억지로 사게 하거나 하지 않습니까? M : 뭐어, 선전도 겸하고 있겠지만, 억지로 무리하게 따위라는 일은 없어. F : 그렇다면 좋네요. 그럼 그렇게 하겠습니다.
女の人はこのあとまず何をしますか。	여자는 이 뒤에 우선 무엇을 합니까?

어휘 インターネット(인터넷) | 道具(도구) | アウトドア(아웃도어) | 初心者(초심자) | ~向け(~용) | 講座(강좌) | 載る(게재하다, 싣다) | 用品(용품) | 専門店(전문점) | 企画(기획) | 対象(대상) | 宣伝(선전) | 兼ねる(겸하다) | 無理やり(무리하게, 억지로)

해설 여자가 남자에게 캠프에 대해서 조언을 구하고 있다. 여자는 여름 휴가 때, 가족끼리 캠프를 간다고 했는데, 남자는 1인용 도구 밖에 없어서, 아웃도어 용품 전문점이 기획하고 있는 캠프 강좌에 참가해 볼 것을 권하고 있다. 여자도 그렇게 하겠다고 대답하였으므로 정답은 4번이다.

5번 정답 3

会社での男の人と女の人が話しています。女の人はこのあとまず何をしますか。	회사에서 남자와 여자가 이야기 하고 있습니다. 여자는 이 뒤에 우선 무엇을 합니까?
1. 工場の かんりのじょうきょうを 調べる 2. けいやくのうかに じょうきょうを 聞く 3. 運送会社に じょうきょうを 聞く 4. そうこの ほぞんじょうきょうを 調べる	1. 공장 관리 상황을 조사한다. 2. 계약 농가에 상황을 묻는다. 3. 운송회사에 상황을 묻는다. 4. 창고 보존 상황을 조사한다.
M : うちのお茶の葉の品質管理のことで、調べてほしいことがあって。実は、市場に出る前でよかったんだけど、一部の製品の質が通常より悪いことが分かってね。 F : えっ、そうなんですか。 M : いつもと香りが違っていて。それで、うちの部が中心となって、可能性のあるところを調べて原因を特定することになったんだ。 F : そうですか。どこをあたりましょうか。工場からでしょうか。 M : 工場のほうは、気温や湿度などの管理の状況を調べてもらったところ、特に問題はなかったんだよ。 F : では、生産者側への確認ですか。うちが契約している農家に問い合わせましょうか。 M : うん、それは生産地に近い支社の担当者が対応することになっているんだ。それより、農家から工場までの輸送は外部に頼んでるだろう。どのように運んでいたか、向こうの会社の担当者に確認してもらいたいんだよ。暑い時期だしね。 F : 分かりました。あ、うちの倉庫で製品を保存しているうちにってことも考えられますか。そちらの状況も調べたほうがいいでしょうか。 M : ありがとう。そこは私がやるから。 F : はい。では、すぐ取りかかります。	M : 우리 차 잎 품질관리로 조사해 주었으면 하는 것이 있어. 실은 시장에 나오기 전이라 다행인데, 일부 제품 질이 통상보다 나쁘다는 것을 알아서 말이야. F : 어머, 그렇습니까? M : 보통 때와 향기가 달라서. 그래서 우리 부서가 중심이 되어서 가능성이 있는 부분을 조사해서 원인을 특정하게 되었어. F : 그렇습니까? 어디를 알아볼까요? 공장부터일까요? M : 공장 편은 기온이나 습도 등의 관리 상황을 조사해 받았더니, 특별히 문제는 없었어. F : 그러면, 생산자 측 확인인가요? 우리가 계약하고 있는 농가에 문의해 볼까요? M : 응, 그건 생산지에 가까운 지사 담당자가 대응하게 되어 있어. 그것보다 농가에서 공장까지의 운송은 외부에 부탁하고 있지? 어떻게 운반하고 있었는지 상대편 회사 담당자에게 확인해 주었으면 해. 더운 시기이고. F : 알겠습니다. 참, 우리 창고에서 제품을 보존하고 있는 동안에, 라는 것도 생각할 수 있을까요? 그 쪽 상황도 조사하는 편이 좋을까요? M : 고마워. 거기는 내가 할게. F : 네, 그러면 바로 착수하겠습니다.
女の人はこのあとまず何をしますか。	여자는 이 뒤에 우선 무엇을 합니까?

어휘 工場(공장) | 管理(관리) | 契約(계약) | 農家(농가) | 運送(운송) | 保存(보존) | 品質(품질) | 製品(제품) | 通常(통상) | 香り(향기, 냄새) | 原因(원인) | 特定(특정) | あたる(알아보다) | 湿度(습도) | 支社(지사) | 外部(외부) | 倉庫(창고) | 取りかかる(착수하다)

해설 조사해야 하는 전체 사항과 여자가 조사해야 하는 사항을 구분하여 메모해 두는 것이 포인트이다. 품질 관리 문제로 조사해야 하는 것은 '1) 생산자 측 확인(계약 농가에 문의) 2) 농가에서 공장까지의 운송 3) 창고'의 3가지인데, 1)은 생산지에 가까운 지사 담당자가 조사한다고 하였고, 3)은 남자가 조사한다고 하였으므로 여자가 지금부터 조사해야 하는 것은 2) 농가에서 공장까지 운송 상황을 운송 회사에 문의하여 조사하는 것이므로 정답은 3번이다. 공장의 기온이나 습도 등의 관리 상황은 이미 조사가 완료된 상태이며 특별히 문제는 없다고 하였으므로 제외할 수 있다.

問題2 / 문제2

問題2では、まず質問を聞いてください。そのあと、問題用紙のせんたくしを読んでください。読む時間があります。それから話を聞いて、問題用紙の1から4の中から最もよいものを一つ選んでください。

문제2에서는 우선 질문을 들어주세요. 그 뒤에, 문제 용지 선택지를 읽어 주세요. 읽을 시간이 있습니다. 그리고 나서 이야기를 듣고, 문제용지 1에서 4. 중에서 가장 좋은 것을 하나 골라 주세요.

예 정답 2

母親と高校生の女の子が話しています。女の子はどうして学校へ行きたくないのですか。	엄마와 고등학생인 여자가 이야기하고 있습니다. 여자는 왜 학교에 가고 싶지 않은 것입니까?
1. 友達とけんかしたから 2. かみがたが気に入らないから 3. 試験があるから 4. 頭が痛いから	1. 친구와 싸웠기 때문에 2. 머리 스타일이 마음에 들지 않기 때문에 3. 시험이 있기 때문에 4. 머리가 아프기 때문에
F1：どうしたの？ 朝からためいきばっかり。だれかとけんかでもしたの？ F2：それはもういいの、仲直りしたから。それより、見てよ、この前髪。 F1：まあ、また、思い切って短くしたわね。 F2：こんなんじゃ、みんなに笑われちゃうよ。ねえ、今日学校休んじゃだめ？ F1：だめに決まってるでしょ。そんなこと言って、本当は今日の試験、受けたくないんでしょ。 F2：違うよ、ちゃんと勉強したんだから。そんなことより、ああ、鏡見るだけで頭痛くなりそう。	F1：왜 그러니? 아침부터 한숨만 쉬고. 누구랑 싸움이라도 했어? F2：그건 이제 괜찮아. 화해했으니까. 그것보다, 좀 봐, 이 앞 머리. F1：어머, 또 과감하게 짧게 했네. F2：이러면, 모두가 웃을 거야. 저기, 오늘 학교 쉬면 안돼? F1：당연히 안되지! 그런 말 하고, 정말은 오늘 시험 치고 싶지 않은 거지? F2：아니야, 제대로 공부 했어. 그것보다, 아~아, 거울 보는 것만으로 머리 아파지는 것 같아.

| 女の子はどうして学校へ行きたくないのですか。 | 여자는 왜 학교에 가고 싶지 않은 것입니까? |

어휘 母親(모친, 엄마) | 高校生(고등학생) | 試験(시험) | ためいき(한숨) | 仲直り(화해) | 前髪(앞 머리) | 鏡(거울)

해설 포인트 이해 파트에서는 대화문을 들은 뒤, 대화문 속의 특정 키워드의 이유나 목적을 파악해야 한다. 대화문이 많이 출제되지만 연설문이나 인터뷰 등 독백문에 가까운 것이 출제되는 경우도 있다. 질문문에 해당 키워드가 제시되어 있으니, 그 키워드를 어떻게 설명하고 있는지, 왜 그렇게 되었는지를 파악하는 것이 중요하다. 여자 아이는 학교에 가고 싶지 않다고 했는데, "앞머리가 마음에 들지 않아서"라고 엄마에게 이야기 하고 있다. 따라서 정답은 2번이다. 포인트 이해 파트에서는 질문문에 나와 있는 키워드(이 문제에서는 「学校に行きたくない≒学校を休む(학교를 가고 싶지 않다 ≒ 학교를 쉬다)」)가 정답의 힌트가 되는 문장에 나오는 경우가 많으니, 질문문을 놓치지 말고 주의해 듣는 게 좋다.

1번 정답 3

男の学生と女の学生が話しています。男の学生のうちに警察官が来た目的は何ですか。	남자 학생과 여자 학생이 이야기하고 있습니다. 남자 학생 집에 경찰관이 온 목적은 무엇입니까?
1. 近所で起こった事件について調べるため 2. さいがい時のひなん場所を知らせるため 3. どこにだれが住んでいるのか知るため 4. たんとうちいきの住民にあいさつするため	1. 근처에서 일어난 사건에 대해서 조사하기 위해 2. 재해 시 피난 장소를 알리기 위해 3. 어디에 누가 살고 있는지 알기 위해 4. 담당 지역의 주민에게 인사하기 위해
M : この前、突然うちに警察官が訪ねてきたんだよ。 F : えっ、近くで何か事件でもあったの？ M : うん、僕もそう思ったんだ。一人暮らしですか、一緒に住んでる家族はいますかって聞かれて。何か疑われてるのかなって。 F : うんうん。 M : そしたらね、火事とか、何か災害があったときに住民の無事を確認する必要があるから、定期的にそういうのを聞いて回ってるんだって。 F : ああ、そういうとき、どこに、だれが住んでるか分かってないとね。 M : うん、警察の人が来るなんてびっくりしたって正直に伝えたら、ほかにも、地域の担当警官が替わったときに、あいさつに回ったりすることもあるって。 F : え、警察官があいさつに来るの？ 知らなかった。	M : 요전에, 갑자기 우리 집에 경찰관이 찾아 왔어. F : 엥? 근처에서 무언가 사건이라도 있었어? M : 응, 나도 그렇게 생각 했어. "혼자 살고 있습니까? 함께 살고 있는 가족은 있습니까?"라고 질문 받아서. 무언가 의심 받고 있는 걸까? 하고. F : 응응 M : 그런데말야, 화재라든지, 무언가 재해가 있을 때에 주민의 무사를 확인할 필요가 있기 때문에 정기적으로 그러한 것을 물으며 다니고 있대. F : 아~, 그럴 때, 어디에 누가 살고 있는지 알고 있지 않으면 안되지. M : 응. 경찰관이 와서 깜짝 놀랐다고 정직하게 전했더니, 그 외에도 지역 담당 경찰관이 바뀌었을 때, 인사하러 다니는 경우도 있대. F : 엣? 경찰관이 인사하러 와? 몰랐네.
男の学生のうちに警察官が来た目的は何ですか。	남자 학생 집에 경찰관이 온 목적은 무엇입니까?

어휘 警察官(경찰관) | 近所(근처, 이웃) | 災害(재해) | 避難(피난) | 住民(주민) | 突然(돌연, 갑자기) | 一人暮らし(혼자서 삶) | 住む(살다) | 疑う(의심하다) | 火事(화재) | 定期的(정기적) | 正直(정직) | 地域(지역) | 替わる(바뀌다, 교체되다) | あいさつ(인사)

해설 경찰이 찾아오는 일반적인 이유와 이 남자 학생 집에 경찰관이 찾아온 목적을 구분할 수 있는지가 포인트이다. 남자 학생은 경찰관이 찾아와서 "함께 살고 있는 가족이 있는지"를 물었다고 했는데, 질문한 이유는 "화재나 재해 시 주민이 무사한지 확인할 필요가 있어서"라고 했다. 즉, 재해 시 주민이 무사한지 파악하기 위해 어디에 누가 살고 있는지를 파악하는 것이므로 정답은 3번이다. 경찰관이 바뀌었을 때 인사하러 오는 것은 경찰관이 찾아오는 일반적인 다른 이유이고 인사하기 위해서 남자 학생 집에 찾아온 것은 아니므로 정답이 될 수 없다.

2번 정답 2

研究会で学生と先生が話しています。先生はこの学生の研究発表について何が問題だったと言っていますか。	연구회에서 학생과 선생님이 이야기하고 있습니다. 선생님은 이 학생 연구 발표에 대해서 무엇이 문제였다고 말하고 있습니까?
1. きんちょうして落ち着きがなかったこと 2. 話の進め方が適当でなかったこと 3. 声が小さくて聞き取りにくかったこと 4. 質問への対応がよくなかったこと	1. 긴장해서 침착하지 못했던 것 2. 이야기 진행 방식이 적당하지 않았던 것 3. 목소리가 작아 듣기 어려웠던 것 4. 질문에 대한 대응이 좋지 않았던 것
F：先生、先ほどの私の発表、何か問題があったでしょうか。先生渋いお顔をされていたので。 M：私の表情まで見えてましたか。初めてにしては、大したもんだ。落ち着いてた証拠だね。 F：いえ、そんなことは。すごく緊張しました。 M：まあ、全体的には合格点と言えるんだけどね、話の運び方が。まずは全体像、そのあとで調査の方法とか結果とか、詳細へと進めるといいよ。聞いている人にとっては初めて聞く話なんだから、ああやって細かいところから伝えられるとね。 F：はい。 M：でもまあ、発表のときの声の大きさも適当だったし、受けた質問への対応も好感が持てたし、なかなかのものだったよ。 F：あ、はい。次からはご指摘いただいた点、気をつけます。	F：선생님, 조금 전 제 발표, 무언가 문제가 있었을까요? 선생님 떨떠름한 표정을 하고 계셔서. M：내 표정까지 보였습니까? 처음치고는 대단하군요. 차분했던 증거군. F：아뇨, 그렇지는…굉장히 긴장했습니다. M：뭐, 전체적으로는 합격점이라고 할 수 있는데. 이야기 진행 방식이… 우선은 전체상, 그 뒤에 조사 방법이라든가, 결과라든가, 상세로 진행하면 좋아. 듣고 있는 사람에게 있어서는 처음 듣는 이야기니까, 그렇게 자세한 부분부터 전달하면. F：네. M：그래도 뭐, 발표 때 목소리 크기도 적당했고, 받은 질문에 대한 대응도 호감이 갔고, 상당히 좋았어. F：네. 다음부터는 지적해주신 점, 신경 쓰겠습니다.
先生はこの学生の研究発表について何が問題だったと言っていますか。	선생님은 이 학생 연구발표에 대해서 무언이 문제였다고 말하고 있습니까?

어휘 研究(연구) | 緊張(긴장) | 質問(질문) | 対応(대응) | 落ち着く(차분하다, 안정되다) | 合格点(합격점) | 全体像(전체상) | 発表(발표) | 適当(적당) | 好感(호감) | 指摘(지적)

해설 교수가 좋았던 점과 고쳐야 할 부분을 각각 지적하고 있는데, 이 부분을 나누어 정리할 수 있는지가 포인트이다. 교수는 차분히 진행한 점, 목소리의 크기, 질문에 대한 대응 방식은 상당히 좋았지만 진행 방식에 조금 문제가 있었다고 지적하고 있었다. 즉, 먼저 전체상을 설명하고 그 뒤에 조사 방법과 결과 등 상세한 내용으로 진행하면 듣는 사람이 이해하기 쉽다고 조언하고 있다. 따라서 정답은 2번이다.

3번 정답 1

男の人と女の人が話しています。女の人はどうしてカフェの開店を延期することにしましたか。	남자와 여자가 이야기하고 있습니다. 여자는 왜 카페 개점을 연기하기로 했습니까?
1. スタッフの数がそろっていないから 2. 店の工事が間に合わないから 3. メニューが決まっていないから 4. 注文した食器がとどいていないから	1. 스텝 인원수가 갖추어져 있지 않기 때문에 2. 가게 공사가 시간에 맞지 않기 때문에 3. 메뉴가 결정되지 않았기 때문에 4. 주문한 식기가 도착하지 않았기 때문에
M : 前田さん、来週、カフェをオープンするんだよね。どう？順調？ F : んー、従業員募集してるんだけど、必要人数に達してなくて。夕方から夜にかけて勤務できる人が必要なんだけどね。先月までは店の工事が随分遅れてて心配したんだけど、そっちは何とか間に合ったのに。そういうわけで、結局、オープン、1か月先になったんだ。 M : え、ほんと？ でもまあ、焦って開店してサービスの評判落とすより、延期してでもちゃんと準備したほうがいいよ。あ、メニューは決まった？前に、どんなメニュー出すか悩んでただろ？ F : うん。完成した。食事のメニューも充実してるから、オープンしたら、食べに来て。あ、食器も凝ってるんだよ。飲むカップによって、おいしさが変わってくるなんてことも言われるでしょ。ほとんどの食器、海外から取り寄せたんだ。 M : 海外から食器を？ すごいな。オープン、楽しみにしてるよ。	M : 마에다 씨, 다음 주 카페를 오픈하지? 어때? 순조로워? F : 음~, 종업원 모집하고 있는데, 필요 인원수에 달하지 못해서. 저녁 무렵부터 밤에 걸쳐서 근무할 수 있는 사람이 필요한데 말야. 지난달까지는 가게 공사가 꽤 늦어져서 걱정했는데, 그 쪽은 어떻게든 시간 내에 맞춰졌는데. 그런 이유로, 결국, 오픈 1개월 미뤄졌어. M : 엥? 정말? 그래도 뭐, 서둘러서 개점해서 서비스 평판이 떨어지는 것보다, 연기해서라도 제대로 준비하는 편이 좋아. 아, 메뉴는 결정됐어? 전에, 어떤 메뉴 낼지 고민했잖아? F : 응, 완성 했어. 식사 메뉴도 충실하니까, 오픈하면 먹으러 와. 아, 식기도 공들였어. 마시는 컵에 따라서 맛이 바뀌어 온다고 하잖아? 대부분의 식기, 해외에서 주문했어. M : 해외에서 식기를? 굉장하군. 오픈 기대하고 있을께.
女の人はどうしてカフェの開店を延期することにしましたか。	여자는 왜 카페 개점을 연기하기로 했습니까?

어휘 開店(개점) | 延期(연기) | スタッフ(스텝) | そろう(갖추어지다, 구비되다) | 工事(공사) | メニュー(메뉴) | 食器(식기) | 順調だ(순조롭다) | 従業員(종업원) | 募集(모집) | 随分(꽤, 상당히) | 評判(평판) | 準備(준비) | 完成(완성) | 凝る(공들이다) | 取り寄せる(주문해서 가져오게 하다)

해설 이전에 문제가 됐던 것과, 지금 문제인 것, 즉 해결된 문제와 아직 해결되지 않은 문제점을 구분할 수 있는지가 포인트이다. 여자는 1개월 전까지는 공사가 늦어지고 있었고, 메뉴도 결정되지 않았지만 이 문제는 지금은 이미 해결되었고, 스텝이 부족하다는 새로운 문제점이 발생하여 개점이 한 달 늦춰졌다고 했다. 따라서 정답은 1번이다.

4번 정답 2

大学で休み時間に男の学生と女の学生が話しています。女の学生はどうしてぼんやりしていましたか。	대학교에서 쉬는 시간에 남자 학생과 여자 학생이 이야기하고 있습니다. 여자 학생은 왜 멍하니 하고 있었습니까?
1. 考え事をするため 2. 頭の中を整理するため 3. のうを休めるため 4. 体をリラックスさせるため	1. 생각을 하기 위해 2. 머리 속을 정리하기 위해 3. 뇌를 쉬게 하기 위해 4. 몸을 릴랙스 하게 하기 위해
M：森さん、さっきからずっとぼんやりして、何か考え事？ F：あ、うん。あのね、昨日テレビで、ぼんやりすることにはすごい効果があるって紹介してたんだ。5分くらい目を閉じて何も考えないでぼんやりしてると、頭の中の情報が整理されて記憶が定着しやすくなるっていう実験結果があってね。 M：へえ、ぼんやりしてるときは脳が休んでるんじゃないの？ F：そう思うでしょ？　ところがは活発に働いてるんだって。私、さっきの授業で山ほど知識詰め込んで、ごちゃごちゃになってるから、早速ぼんやりを実践しようとしてたんだ。 M：あ、じゃ、邪魔しちゃったね。 F：ううん。あ、そういえば、疲れてるときなんかにこれやると、すっきりして体がリラックスするとも言ってたな。 M：へえ。僕も今度やってみるよ	M：모리 씨, 조금 전부터 쭉 멍하니 뭔가 생각이라도? F：아, 음. 저기, 어제 텔레비전에서 멍하니 하고 있는 것에는 굉장한 효과가 있다고 소개 했어. 5분 정도 눈을 감고 아무것도 생각하지 않고 멍하니 하고 있으면, 머리 속 정보가 정리되어서 기억이 정착되기 쉬워진다는 실험 결과가 있어서. M：흐음, 멍하니 하고 있을 때는 뇌가 쉬고 있는 게 아니야? F：그렇게 생각하지? 그런데 뇌는 활발하게 움직이고 있대. 나 조금 전 수업에서 산처럼 지식 가득 채워서 엉망진창이 되어 있으니까, 바로 멍하고 있는 것을 실천하려고 한 거야. M：아, 그럼 방해했네. F：아니. 아, 그러고 보니 지쳐 있을 때 등, 이거 하면, 개운해지고 몸이 릴랙스 된다고 말했어. M：흐음, 나도 다음에 해 볼게.
女の学生はどうしてぼんやりしていましたか。	여자 학생은 왜 멍하니 하고 있었습니까?

어휘 考え事(갖은 생각, 궁리, 걱정) | リラックス(릴랙스) | 脳(뇌) | 効果(효과) | 紹介(소개) | 記憶(기억) | 定着(정착) | 活発(활발) | 詰め込む(가득 채워 넣다) | 実践(실천) | ごちゃごちゃ(엉망진창) | 邪魔(방해) | 今度(이번, 이 다음)

해설 생각하지 않고 가만히 있는 것의 일반적인 효과와 이 여자 학생이 멍하니 하고 있는 이유를 구분해서 듣는 것이 포인트이다. 여학생은 5분 정도 눈을 감고 아무 것도 생각하지 않고 멍하니 있으면, 머리 속 기억이 정착되기 쉬워진다는 이야기를 텔레비전에서 봤다고 하며, 조금 전 수업에서 지식을 가득 채워 넣어서 정리하려고 눈을 감고 가만히 있었다고 말하고 있다. 따라서 정답은 2번이다. 지친 몸이 개운해지고 릴랙스가 된다는 것은 일반적인 효과이다.

5번 정답 4

テレビでアナウンサーと大学の教授が話しています。教授が大学の研究で心配しているのは、どんなことですか。	텔레비전에서 아나운서와 대학교 교수가 이야기하고 있습니다. 교수가 대학교 연구에서 걱정하고 있는 것은 어떤 것입니까?
1. すぐに社会に役立つ研究が少ないこと 2. 産業界の協力が得られなくなること 3. 実用化までに時間がかかりすぎること 4. きそ研究がじゅうしされなくなること	1. 바로 사회에 도움이 되는 연구가 적은 것. 2. 산업계 협력을 얻을 수 없게 된 것 3. 실용화까지 시간이 너무 걸리는 것 4. 기초 연구가 중시되지 않게 된 것
F : 今日は物理学の青木教授に大学での研究が抱える問題についてお話を伺います。 M : 私は、大学で40年研究・教育に取り組んでいます。かねてから、大学の研究はすぐに社会に役立つものが少ないと批判を受けることがあります。 F : ええ。 M : もちろん科学は最終的に人の役に立つものであるべきです。昨今では、産業界の協力を得て、応用技術の開発や実用化が比較的短い期間で可能になりました。が、本来、大学の使命というのは基礎研究にあります。 F : 基礎研究というのは木の根っこのようなものですね。 M : ええ。そこをしっかりやってこそ、さまざまな応用、科学の発展へと繋がっていくんです。根っこが枯れてしまっては、取り返しがつきません。社会や産業界からすぐに役立つ研究、より早い実用化が求められるのも分かりますが、大学の本来の使命が見失われてしまうことに、私は大変危機感をもっています。	F : 오늘은 물리학 아오키 교수님에게 대학교에서의 연구가 안고 있는 문제에 대해서 이야기를 듣겠습니다. M : 저는 대학교에서 40년 연구, 교육에 임하고 있습니다. 전부터 대학교 연구는 바로 사회에 도움이 되는 것이 적다고 비판을 받는 경우가 있습니다. F : 네. M : 물론 과학은 최종적으로 사람의 도움이 되는 것이어야만 합니다. 작금은 산업계 협력을 얻어서 응용 기술 개발이나 실용화가 비교적 짧은 기간에 가능해졌습니다. 하지만, 대학교의 사명이라는 것은 기초 연구에 있습니다. F : 기초 연구라는 것은 나무 뿌리 같은 것이군요. M : 네, 거기를 제대로 해야 말로, 여러 응용, 과학의 발전으로 연결되어 가는 것입니다. 뿌리가 시들어 버려서는 되돌이킬 수 없습니다. 사회나 산업계로부터 바로 도움이 되는 연구, 보다 빨리 실용화가 요구되는 것도 이해합니다만, 대학교의 본래 사명이 잃어버려 지는 것에, 저는 대단히 위기감을 갖고 있습니다.
教授が大学の研究で心配しているのは、どんなことですか。	교수가 대학교 연구에서 걱정하고 있는 것은 어떤 것입니까?

어휘 社会(사회) | 役立つ(도움이 되다) | 産業界(산업계) | 協力(협력) | 実用化(실용화) | 基礎(기초) | 物理学(물리학) | 批判(비판) | もちろん(물론) | 応用(응용) | 技術(기술) | 比較(비교) | 使命(사명) | 根っこ(뿌리) | 発展(발전) | 繋がる(연결되다) | 危機感(위기감)

해설 외부에서 받는 비판과 교수가 위기감을 갖고 있다는 것을 구분하여 들을 수 있는지가 포인트이다. 교수는 외부에서는 사회에 도움이 되는 연구가 적다고 비판을 받아왔다고 했는데, 이에 대해 교수는 대학교 연구의 사명은 기초 연구에 있으며, 최근 그 본래의 사명이 본질을 잃는 것에 위기감을 갖고 있다고 했다. 따라서 정답은 4번이다.

6번 정답 1

照明器具の店で店員が新しい商品について話しています。この商品にはどんな機能がありますか。	조명 기구 가게에서 점원이 새로운 상품에 대해서 이야기하고 있습니다. 이 상품에는 어떤 기능이 있습니까?
1. 電気をつけておく時間が設定できる 2. 動くものに反応して電気がつく 3. 電気の明るさが細かくちょうせつできる 4. 外の明るさに応じて電気の明るさが変わる	1. 전기를 켜 두는 시간을 설정할 수 있다. 2. 움직이는 것에 반응해서 전기가 켜진다. 3. 전기 밝기를 세세하게 조정할 수 있다. 4. 밖의 밝기에 따라서 전기 밝기가 바뀐다.
M：こちらの照明は防犯を意識したものです。タイマーをセットすれば、室内の電気のオンオフが普段と同じ時間にできるので、旅行などで家を空けても、外から留守だと分かりません。防犯用照明というと、これまでは、例えば人の動きに反応してつくものなど、屋外の照明に限られ、こういった室内用のものはありませんでした。最近の室内照明は、明るさを細かく調節できたり、外の明るさに応じて自動的に電気の明るさを変える機能があったりと、省エネをアピールしたものが主流ですが、こちらの商品は特定のニーズにこたえたものと言えますね。	M : 이 조명은 방범을 의식한 것입니다. 타이머를 설정하면, 실내 전기 온, 오프를 평소와 같은 시간에 할 수 있기 때문에, 여행 등으로 집을 비워도 밖에서 부재중이라고 알 수 없습니다. 방범용 조명이라고 하면, 지금까지는 예를 들자면, 사람의 움직임에 반응해서 켜지는 것 등, 옥외 조명에 한정되어, 이러한 실내용의 것은 없었습니다. 최근 실내 조명은 밝기를 세세하게 조절할 수 있거나, 밖의 밝기에 따라서 자동적으로 전기 밝기를 바꾸는 기능이 있거나, 에너지 절약을 어필한 것이 주류입니다만, 이 상품은 특정 요구에 부응한 것이라고 할 수 있겠습니다.
この商品にはどんな機能がありますか。	이 상품에는 어떤 기능이 있습니까?

어휘 照明(조명) | 店員(점원) | 機能(기능) | 設定(설정) | 反応(반응) | 防犯(방범) | 意識(의식) | 空ける(비우다) | 留守(부재중) | 屋外(옥외) | 室内(실내) | 調節(조절) | 省エネ(에너지 절약) | 特定(특정) | ニーズ(필요성, 요구)

해설 다른 방범 조명기구와 새로운 상품의 특징을 구분하여 정리할 수 있는지가 포인트이다. 점원은 새로운 방범 조명기구는 전기를 켜는 시간을 설정할 수 있어서, 설정해 두면 여행 중이라도 평소와 같은 시간에 전기를 켤 수 있다고 하였다. 따라서 정답은 1번이다. 움직임에 반응해서 전기가 켜지는 것은 기존의 방범 조명의 특징이다.

問題3 / 문제3

問題3では、問題用紙に何も印刷されていません。この問題は、全体としてどんな内容かを聞く問題です。話の前に質問がありません。まず話を聞いてください。それから、質問とせんたくしを聞いて、1から4の中から、最もよいものを一つ選んでください。

문제3에서는 문제 용지에 아무것도 인쇄되어 있지 않습니다. 이 문제는, 전체적으로 어떤 내용인지를 듣는 문제입니다. 이야기 앞에 질문이 없습니다. 우선 질문을 들어주세요. 그리고 나서 이야기를 듣고, 문제용지 1에서 4. 중에서 가장 좋은 것을 하나 골라 주세요.

예 정답 4

テレビでアナウンサーが通信販売に関する調査の結果を話しています。	텔레비전에서 아나운서가 통신 판매에 관한 조사 결과를 이야기하고 있습니다.
F：皆さん、通信販売を利用されたことがありますか。買物をするときは店に行って、自分の目で確かめてからしか買わないと言っていた人も、最近この方法を利用するようになってきたそうです。10代から80代までの人に調査をしたところ、「忙しくて買いに行く時間がない」「お茶を飲みながらゆっくりと買い物ができる」「子供を育てながら、働いているので、毎日の生活になくてはならない」など多くの意見が出されました。	F : 여러분, 통신 판매를 이용하신 적이 있습니까? 쇼핑을 할 때는 가게에 가서, 자신의 눈으로 확인하고 나서밖에 사지 않는다고 한 사람도, 최근에 이 방법을 이용하게 되어 왔다고 합니다. 10대에서 80대까지의 사람에게 조사를 했더니, "바빠서 사러 갈 시간이 없다" "차를 마시면서 천천히 쇼핑을 할 수 있다" "아이를 키우면서 일하고 있기 때문에, 매일의 생활에 없어서는 안 된다" 등 많은 의견이 나왔습니다.
通信販売の何についての調査ですか。	통신 판매의 무엇에 관한 조사입니까?
1. 利用者数 2. 買える品物の種類 3. 利用方法 4. 利用する理由	1. 이용자수 2. 살 수 있는 상품의 종류 3. 이용 방법 4. 이용하는 이유

어휘 通信販売(통신 판매) | 調査(조사) | 働く(일하다) | 毎日(매일) | 種類(종류) | 品物(상품, 물건) | 理由(이유)

해설 개요 이해 파트는 긴 내용을 듣고 요지를 파악하는 문제이다. 질문문에 키워드가 제시되어 있지 않으므로, 특징이나 장단점 등을 자세히 메모해 두는 것이 좋다. 개별적인 키워드의 이해보다는 전체 흐름을 파악하는 것이 중요하다. 이 문제에서는 통신 판매에 대해서 이야기 하고 있는데, 최근에 통신 판매를 이용하는 사람이 늘어난 이유와, 왜 통신판매를 이용하고 있는지 설문조사를 한 결과를 이야기하고 있다. 즉, 통신 판매를 이용하는 이유에 대해서 설명하고 있으므로 정답은 4번이다.

1번 정답 2

ラジオで男の人が話しています。

M: えー、和紙、伝統的な日本の紙ですね、その和紙の専門店に最近、行ったんですけど、そこにきれいな折り紙の作品が飾ってあったんですよ。折り紙は、千年ほど前、和紙を使って、贈り物を美しく包装するために、折り方を工夫することから始まったそうです。そして、和紙が安く生産されるようになると、一枚の和紙からさまざまな形を生み出す遊びとして子供たちの間でも人気が出て、折り方の本も出版されるようになりました。近代になると、幼稚園などの教育現場にも取り入れられ、今も広く親しまれています。

男の人は何について話していますか。

1. 和紙で物を美しく包む方法
2. 折り紙の始まりと歴史
3. 教育現場にり折り紙が取り入れられた理由
4. 和紙ができるまでの流れ

라디오에서 남자가 이야기하고 있습니다.

M: 어~, 일본 종이, 전통적인 일본 종이죠, 그 일본 종이 전문점에 최근 갔는데요. 거기에 예쁜 종이 접기 작품이 장식되어 있었습니다. 종이 접기는 천년 정도 전에, 일본 종이를 사용해서, 선물을 아름답게 포장하기 위해서 접는 방법을 궁리하는 것에서 시작됐다고 합니다. 그리고, 일본 종이가 싸게 생산되게 되자, 한 장의 일본 종이에서 여러가지 형태를 낳는 놀이로서, 아이들 사이에서도 인기가 나와서, 접는 방법 책도 출판되게 되었습니다. 근대가 되자, 유치원 등의 교육 현장에도 도입되어, 지금도 널리 친숙해져 있습니다.

남자는 무엇에 대해서 이야기하고 있습니까?

1. 일본 종이로 물건을 아름답게 포장하는 방법
2. 종이 접기의 시작과 역사
3. 교육 현장에 종이 접기가 도입된 이유
4. 일본 종이가 만들어지기까지의 흐름

어휘 ラジオ(라디오) | 伝統的(전통적) | 和紙(전통 일본 종이) | 専門店(전문점) | 折り紙(종이 접기) | 飾る(장식하다) | 包装(포장) | 工夫(궁리) | 生産(생산) | 出版(출판) | 近代(근대) | 幼稚園(유치원) | 教育現場(교육 현장) | 親しむ(친숙해지다)

해설 남자는 최근에 일본 종이를 파는 전문점에서 종이 접기를 봤다고 이야기하면서, 종이 접기가 어떻게 탄생하고 발전되어 왔는지를 설명하고 있다. 즉 종이 접기의 역사에 대해서 설명하고 있으므로 정답은 2번이다.

2번 정답 1

会社の企画部の会議で女の人が話しています。

F: 先月、20歳代から50歳代の働く女性を対象に「ストレスと香り」に関するアンケート調査を行ったんですが、「何らかのストレスを感じる」と答えた人のほうが、「香り」を重視してシャンプーを購入していました。えー、それから以前よりも、仕事を持つ女性のストレスが増えているということも分かりました。そこで、新しい商品作りにはこの結果を取り入れ、リラックス効果の高い香りがするシャンプーという方向で進めていくのがいいと思います。ストレス解消を求める働く女性にアピールしていけば、販売数の上昇に繋がるのではないでしょうか。

회사 기획부 회의에서 여자가 이야기하고 있습니다.

F: 지난 달, 20대부터 50대까지 일하는 여성을 대상으로 "스트레스와 향기"에 관한 앙케이트 조사를 했습니다만, "무언가 스트레스를 느낀다"고 대답한 사람의 편이 "향기"를 중시해서 샴푸를 구입하고 있었습니다. 어, 그리고 이전보다도 일을 갖는 여성의 스트레스가 늘었다는 것도 알았습니다. 그래서 새로운 상품 만들기에는 이 결과를 도입해서, 릴랙스 효과가 높은 향기가 나는 샴푸라는 방향으로 진행해 가는 것이 좋다고 생각합니다. 스트레스 해소를 요구하는 일하는 여성에게 어필해 가면, 판매 수 상승에 연결되는 것은 아닐까요?

女の人は何について話していますか。	여자는 무엇에 대해서 이야기하고 있습니까?
1. 調査結果に基づく商品開発の方向性 2. 働く女性に対する調査の方法 3. シャンプーの販売実績 4. 新商品のストレス解消への効果	1. 조사 결과를 토대로 한 상품 개발 방향성 2. 일하는 여성에 대한 조사 방법 3. 샴푸 판매 실적 4. 신상품 스트레스 해소에 대한 효과

어휘 ストレス(스트레스) | 重視(중시) | シャンプー(샴푸) | 方向(방향) | 解消(해소) | 販売数(판매수) | 上昇(상승) | ~に基づく(~를 토대로 하다) | 実績(실적)

해설 여자는 지난 달에 실시한 앙케이트 조사 결과를 설명하며, 신상품은 앙케이트 결과를 도입해서 개발을 진행하는 것이 좋을 것 같다고 말하고 있다. 따라서 정답은 1번이다.

3번 정답 3

子育て教室で男の人が話しています。	육아 교실에서 남자가 이야기하고 있습니다.
M : この中には初めてお子さんを育てるという方もいらっしゃるでしょう。子供が成長する過程で、絵本は欠かせないものです。赤ちゃんがまだ言葉が分からないうちは、ストーリーを理解できないから絵本は無理だと思う方も多いかもしれませんが、初めは色や形や音のリズムが面白いものなら、興味を持つはずです。赤ちゃんが成長するにつれて、あいさつや生活のマナーなどが学べるものを取り入れていくといいですね。さらに理解力が高くなってきたら、わくわく、どきどきするようなストーリーのあるものを親子で一緒に楽しんでみたらいかがでしょうか。	M : 이 안에는 처음 자녀분을 키운다는 분도 계시겠죠? 아이가 성장하는 과정에서 그림책은 빠뜨릴 수 없는 것입니다. 아기가 아직 말을 모르는 동안에는 스토리를 이해할 수 없기 때문에 그림책은 무리라고 생각하는 분도 많을지도 모르겠지만, 처음에는 색이나 형태나 소리 리듬이 재미있는 것이라면, 흥미를 갖을 터입니다. 아기가 성장함에 따라서, 인사나 생활 매너 등을 배울 수 있는 것을 도입해 가면 좋습니다. 더욱이 이해력이 높아져 오면, 두근두근, 떨리는 스토리가 잇는 것을 부모와 자녀가 함께 즐겨 보면 어떨까요?
男の人は何について話していますか。	남자는 무엇에 대해서 이야기하고 있습니까?
1. 子育てにおける絵本の役割 2. 子供が絵本を好きな理由 3. 成長に応じた絵本の選び方 4. 絵本におけるストーリーの重要性	1. 육아에 있어서 그림책의 역할 2. 아이가 그림책을 좋아하는 이유 3. 성장에 부응한 그림책의 고르는 법 4. 그림책에 있어서 스토리의 중요성

어휘 子育て(육아) | 成長(성장) | 過程(과정) | 絵本(그림책) | 欠かせない(빠뜨릴 수 없다) | ストーリー(스토리) | 面白い(재미있다) | 興味(흥미) | わくわく(기뻐서 두근두근) | どきどき(공포 등으로 인해 두근두근) | 役割(역할) | 選ぶ(고르다) | 応じる(응하다, 부응하다)

해설 남자는 아이들의 성장 과정에 있어서 그림책은 빠뜨릴 수 없으며, 단계별로 어떻게 그림책을 도입하면 되는지 설명하고 있다. 즉, 성장 과정에 따라서 그림책을 고르는 방법에 대해서 설명하고 있으므로 정답은 3번이다.

4번 정답 1

ラジオで女の人が話しています。	라디오에서 여자가 이야기하고 있습니다.
F：健康のためには、毎日の運動が必要だと分かっていても、なかなか続けられない方も多いと思います。でも、**毎日の過ごし方を少し変えるだけで、軽いスポーツをするのと同等の効果が得られるそうなんです**。じっとしている時間を30分減らす。その程度で十分です。これなら、ちょっと気分を変えて、テレビを見る代わりに近所を散歩する、友人と喫茶店で話す代わりにウインドーショッピングを楽しむなど、日ごろしていることを少し見直すだけでできそうですよね。	F : 건강을 위해서는, 매일의 운동이 필요하다고 알고 있어도, 좀처럼 계속할 수 없는 분도 많을 거라고 생각합니다. 하지만 **매일의 보내는 법을 조금 바꾸는 것만으로, 가벼운 스포츠를 하는 것과 같은 효과를 얻을 수 있는 것입니다**. 가만히 있는 시간을 30분 줄인다. 그 정도로 충분합니다. 이거라면, 조금 기분을 바꿔서 텔레비전을 보는 대신에 근처를 산책한다, 친구와 커피숍에서 이야기하는 대신에 쇼핑을 즐기는 등, 평소에 하고 있는 것을 조금 고치는 것만으로 가능할 것 같죠?
女の人は何について話していますか。	여자는 무엇에 대해서 이야기하고 있습니까?
<u>1. 日常生活に運動を取り入れる工夫</u> 2. スポーツの楽しみ方 3. 無駄な時間をなくす工夫 4. 気分転換のしかた	<u>1. 일상 생활에 운동을 도입하는 궁리</u> 2. 스포츠를 즐기는 법 3. 쓸모 없는 시간을 없애는 궁리 4. 기분 전환 방법

어휘 健康(건강) | 運動(운동) | じっとする(가만히 있는) | 気分(기분) | 散歩(산책) | 喫茶店(커피숍) | ウインドーショッピング(윈도 쇼핑) | 見直す(다시 보다) | 日常(일상)

해설 여자는 규칙적으로 운동을 할 수 없는 경우라도 일상 생활에서 조금 궁리하는 것만으로도 운동한 것과 비슷한 효과를 얻을 수 있다며, 그 예시에 대해서 설명하고 있다. 즉, 일상 생활에 있어 어떻게 운동을 도입하면 되는지에 대해서 이야기하고 있으므로 정답은 1번이다.

5번 정답 2

小学校で先生が児童の親たちに話しています。	초등학교에서 선생님이 아동의 부모들에게 이야기하고 있습니다.
M：もうすぐ夏休みです。海水浴や山登りなど、いろいろな計画を立てていらっしゃると思います。ただ、**毎年休みの間に、海や山など出掛けた先で怪我をする子供がいます。楽しい夏休みが台無しにならないよう、遊ぶときのルールを子供と一緒に決めるようにしてください**。例えば、海であれば、泳ぐ前に体操すること、沖に流されないよう、砂浜に近いところで遊ぶことなどを約束するといいでしょう。いずれにしても大切なことは、ご両親が子供の行動を見守ることです。どうぞよろしくお願いします。	M : 이제 곧 여름방학이죠. 해수욕이나 등산 등, 여러 계획을 세우고 계실 거라고 생각합니다. 단지, **매년 여름 방학 동안에 바다나 산 등 외출한 곳에서 부상을 당하는 아이가 있습니다. 즐거운 여름 방학이 엉망이 되지 않도록 놀 때의 규칙을 아이와 함께 정하도록 해 주세요**. 예를 들자면, 바다라면 헤엄치기 전에 체조를 할 것, 먼 바다에 쓸려가지 않도록, 모래 사장에 가까운 곳에서 놀 것 등을 약속하면 좋겠죠. 어쨌든 중요한 것은 부모님이 아이의 행동을 지켜보는 것입니다. 잘 부탁드립니다.

先生は何について話していますか。	선생님은 무엇에 대해서 이야기하고 있습니까?
1. 夏休み中の学校行事の予定	1. 여름 방학 중의 학교 행사 예정
2. 夏休みを安全に過ごすための注意点	2. 여름 방학을 안전하게 보내기 위한 주의점
3. 怪我をしたときの対処法	3. 부상을 당했을 때의 대처법
4. 海や山で守るべきマナー	4. 바다나 산에서 지켜야 할 매너

어휘 児童(아동) | 小学校(초등학교) | 海水浴(해수욕) | 山登り(등산) | 怪我(부상) | 台無し(못쓰게 됨, 엉망이 됨) | 泳ぐ(헤엄치다) | 体操(체조) | 沖(먼바다) | 砂浜(모래사장) | 約束(약속) | 見守る(지켜보다)

해설 선생님은 학부모들에게 여름 방학 동안에 아이들이 산이나 바다에서 다치지 않도록 놀 때에도 규칙을 정하도록 설명하고 있다. 즉, 아이들이 여름 방학을 안전하게 보내기 위한 주의점을 이야기하고 있으므로 정답은 2번이다.

問題4 / 문제4

問題4では、問題用紙に何も印刷されていません。まず文を聞いてください。それから、それに対する返事を聞いて、1から3の中から、最もよいものを一つ選んでください。

문제4에서는 문제 용지에 아무것도 인쇄되어 있지 않습니다. 이 문제는 우선 문장을 들어주세요. 그리고 나서 거기에 대한 대답을 듣고, 1에서 3. 중에서 가장 좋은 것을 하나 골라 주세요.

예 정답 1

F : 今日ちょっと、残って仕事してってもらえない？	F : 오늘 조금, 남아서 일을 해 주지 않을래?
M : 1. 今日ですか。はい、分かりました。	M : 1. 오늘 말입니까? 네, 알겠습니다.
2. すみません、今日遅くなったんです。	2. 죄송합니다. 오늘 늦었어요.
3. 残りは、あとこれだけです。	3. 나머지는 이제 이것 뿐입니다.

어휘 残る(남다) | 遅い(늦다)

해설 즉시 응답 파트는 간단한 문형이나 어휘의 의미를 이해할 수 있는지를 묻는 문제가 출제된다. 어휘와 문법 파트와 함께 정리해 두면 좋다. 「してもらえない？」는 "~해 줄 수 있을까?"라는 의미로, 상대방에게 부탁하거나 의뢰하는 문형이다. 따라서, 승낙하거나 거절하는 답변을 골라야 하므로 정답은 1번이다.

1번 정답 2

F : トムさん、よかったら、今日の夕食うちにおいでになりませんか。	F : 톰 씨, 괜찮다면, 오늘 저녁 집에 와 주시지 않을래요?
M : 1. ええと、何時に来られますか。 2. え、伺ってもよろしいんですか。 3. 今日はうちにはおりませんが。	M : 1. 음~ 몇 시에 오실 수 있습니까? 2. 네. 찾아 뵈어도 괜찮을까요? 3. 오늘은 집에 없는데요.

어휘 夕食(저녁) | おいでになる(오시다) | 伺う(찾아 뵙다, 방문하다)

해설 「おいでになる」는 '오다, 가다, 계시다'의 존경어로, 상대에게 저녁을 먹으로 집에 와 달라고 이야기 하고 있다. 따라서 갈 수 있는지 여부를 대답해야 하므로 정답은 2번이다.

2번 정답 3

M : 駅前の、あの人気のレストラン、昨日行ってみたけど、味は期待したほどじゃなかったよ。	M : 역 앞, 그 인기 레스토랑, 어제 가 봤는데, 맛은 기대한 정도가 아니었어.
F : 1. えー、期待してなかったのに？ 2. ああ、だから込んでるんだね。 3. へえ、なんで人気があるんだろう。	F : 1. 어~ 기대하지 않았는데? 2. 아~, 그러니까 붐비고 있구나. 3. 흐음~, 왜 인기가 있을까?

어휘 期待(기대) | 込む(붐비다) | 人気(인기)

해설 「~というほどではない(~라는 정도는 아니다)」는 상상, 예상한 것보다 정도가 낮거나 그다지 높지 않다는 것을 나타내는 문형이다. 남자는 "맛이 기대한 것 정도가 아니다" 즉 그렇게 맛있지는 않다고 말하고 있다. 따라서 정답은 3번이다.

3번 정답 2

F : 部長、社内アンケート、山田さんを除いて全員から回答を得ました。	F : 부장님, 사내 앙케이트, 야마다 씨를 제외하고 전원에게서 답변을 얻었습니다.
M : 1. 山田さん、回答早いな。 2. 山田さん、答えてないの？ 3. 山田さんが全員分集めたんだね。	M : 1. 야마다 씨, 답변 빠르네. 2. 야마다 씨, 대답하지 않았어? 3. 야마다 씨가 전원 분량 모아줬구나.

어휘 除く(제외하다) | 回答(답변)

해설 「~除いて」는 '~을 제외하고'란 의미로, 야마다를 제외한 모든 사람이 앙케이트에 대답을 했다는 것이 된다. 따라서 정답은 2번이 된다.

4번 정답 1

F : 佐藤さん、日曜のバイト、私と時間代わってもらうわけにいかない？	F : 사토 씨, 일요일 바이트, 나와 시간 바꿔 줄 수 없을까?
M : 1. 別に、かまいませんけど。 　　 2. え、代わってませんけど。 　　 3. 、お願いしてませんけど。	M : 1. 별로, 상관 없어요. 　　 2. 엣? 바꾸지 않았는데요. 　　 3. 저, 부탁하지 않았는데요.

어휘 代わる(바꾸다) | バイト(아르바이트의 줄임말)

해설 「わけにはいかない」는 '~할 수는 없다'라는 의미로, 여성은 남성에게 아르바이트를 바꿔 달라고 부탁하고 있다. 따라서, 가능한지 불가능한지를 말해야 하므로 정답은 1번이다.

5번 정답 3

M : 昨日初めて劇場で芝居見たんだけど、また行きたくてたまらないんだ。	M : 어제 처음 극장에서 연극 봤는데, 또 너무 가고 싶어.
F : 1. 何がたまってないの？ 　　 2. また行っちゃったの？ 　　 3. そんなに感動したの？	F : 1. 무엇이 쌓여 있지 않아? 　　 2. 또 가 버리는 거야? 　　 3. 그렇게 감동했어?

어휘 劇場(극장) | 芝居(연극)

해설 「てたまらない」는 '너무~하다'는 강한 감정이나 감각을 나타내는 문형이다. 남성은 "너무 재미있어서 또 가고 싶다"고 말하고 있으므로 정답은 3번이다.

6번 정답 1

M : 課長、プリンター、修理に出したんですが、もう買い替えるしかないって言われました。	M : 과장님, 프린터, 수리하러 보냈는데요, 이제 새 걸로 교체할 수밖에 없다고 들었습니다.
F : 1. じゃ、新しいの買わなきゃね。 　　 2. 買い替える必要ないってこと？ 　　 3. それなら、修理してもらおう。	F : 1. 그럼 새로운 것으로 사야 하겠네. 　　 2. 새 걸로 바꿀 필요 없다는 거야? 　　 3. 그렇다면, 수리해 받지.

어휘 修理(수리) | 買い替える(바꾸어 사다)

해설 「しかない」는 "할 수 밖에 없다'는 의미로, 그 외에 다른 방도가 없다는 것을 나타내는 문형이다. 남성은 프린터를 새로 살 수밖에 없다고 했으므로 정답은 1번이 된다.

7번 정답 2

M：キムさん、レポート、チェックしたよ。ここの数字さえ直せば、問題ないよ。	M：김 씨, 레포트, 체크 했어. 여기 숫자만 고치면 문제 없어.
F：1. 数字のほかはどこですか。 　2. すぐに、訂正します。 　3. 何も問題がなくて安心しました。	F：1. 숫자 외에는 어디입니까? 　2. 바로, 정정하겠습니다. 　3. 아무것도 문제가 없어서 안심했습니다.

어휘 レポート(레포트) | 数字(숫자) | 直す(고치다)

해설 「さえ〜ば」는 '조차, 만'이라는 의미로 그 조건만 이루어진다면 모두 다 충족된다는 것을 나타내는 문형이다. 남성은 김 씨에게 "이 숫자만 고치면 문제없다."고 했으므로 정답은 2번이 된다.

8번 정답 2

F：この会議室、壁の色変えたせいか、広く見えるんじゃない？	F：이 회의실, 벽 색깔 바꾼 덕분인지, 넓게 보이지 않아?
M：1. 分かりました。そうしてみます。 　2. ほんと、変えて、正解ですね。 　3. 色のせいで広く見えないんですか。	M：1. 알겠습니다. 그렇게 해 보겠습니다. 　2. 정말, 바꿔서 정답이군요. 　3. 색상 탓에 넓게 보이지 않는 겁니까?

어휘 会議室(회의실) | 壁(벽) | 正解(정답)

해설 「AせいでB」는 'A가 원인이 되어 나쁜 결과가 발생했다'는 의미를 나타내는 문형이지만, 「AせいかB」는 '원인을 확실히는 모르지만 A가 원인이 되어 B가 발생했다'는 의미를 나타내며, 좋은 결과, 나쁜 결과 모두에 사용할 수 있다. 여성은 "벽 색깔을 바꾼 덕분에 넓게 보인다"고 했으므로 정답은 2번이다.

9번 정답 2

F：このアパート、この間取りと設備でこの家賃。言うことなしだね。	F：이 아파트, 이 구조와 설비로 이 월세, 말할 것 없네.
M：1. ほんと、家賃がちょっとね。 　2. こんないい条件ほかにないよね。 　3. それじゃ、諦めようか。	M：1. 정말 방 값이 좀. 　2. 이런 좋은 조건 이 외에 없지? 　3. 그러면, 포기할까?

어휘 間取り(방의 배치, 구조) | 設備(설비) | 家賃(월세, 방 값)

해설 「言うことなし」는 '더할 나위 없다, 흠잡을 데가 없다'는 의미로 훌륭하다는 것을 나타낼 때 사용하는 표현이다. 여성은 이 아파트는 더할 나위 없이 훌륭하다고 평가하고 있으므로 올바르게 답변한 것은 2번이 된다.

10번 정답 1

M：今週は仕事のスケジュールがぎっしりで、嫌になっちゃうよ。	M：이번주는 일의 스케줄이 가득차서, 너무 싫어.
F：1. 忙しそうだけど、無理しないようにね。 　　2. まだスケジュールが決まらないの？ 　　3. 今週は仕事が少ないんだね。	F：1. 바쁠 것 같지만, 무리하지 않도록 해. 　　2. 또 스케줄이 결정되지 않는 거야? 　　3. 이번 주는 일이 적네.

어휘 忙しい(바쁘다) | 無理(무리)

해설 남성은 "이번 주 스케줄이 가득 차서 너무 싫다"고 말하고 있다. 「ぎっしり」는 '빈 틈 없이 꽉 차 있는 모습'을 나타내는 표현이다. 따라서, 정답은 1번이 된다.

11번 정답 1

M：僕スキーするの、今日5年ぶりですよ。できるかな。	M：나 스키 타는 거, 오늘 5년만이야. 할 수 있을까?
F：1. 5年なら体が覚えてますよ。 　　2. 今日から5年もできないんですか。 　　3. 5年間も続けてるなんてすごいですね。	F：1. 5년이라면 몸이 기억하고 있어. 　　2. 오늘부터 5년이나 못하는 거에요? 　　3. 5년간이나 계속하고 있다니, 굉장하네요.

어휘 覚える(기억하다)

해설 남성은 스키를 5년만에 타는 것에 대해 불안을 표현하고 있다. 이에 대한 답변으로는 가능하다, 혹은 불가능할 것 같다고 답변해야 하므로 정답은 1번이다.

12번 정답 3

F：所長、事務所の防災グッズ確認したら、足りないものだらけです。	F：소장님, 사무소 방재 용품 확인했더니, 부족한 것 투성이입니다.
M：1. ああ、足りないものはなかったんだね。 　　2. あ、一つだけ足りなかったの？ 　　3. え、足りないもの、そんなにあった？	M：1. 아~, 부족한 것은 없었구나. 　　2. 아, 하나만 부족했어? 　　3. 어? 부족한 거, 그렇게 있었어?

어휘 所長(소장) | 防災(방재) | 確認(확인)

해설 「だらけ」는 '~투성이'라는 의미로, 오염물 같은 것이 다량으로 존재해서 좋지 않은 상황을 나타내는 문형이다. 여성은 '부족한 것 투성이'라고 보고하고 있으므로 정답은 3번이다.

問題5 / 문제5

問題5では、長めの話を聞きます。この問題には練習はありません。
問題用紙にメモをとってもかまいません。

문제5에서는 긴 이야기를 듣습니다. 이 문제에는 연습은 없습니다.
문제 용지에 메모를 해도 상관 없습니다.

1番、2番 / 1번, 2번

問題用紙に何も印刷されていません。まず話を聞いてください。それから、質問とせんたくしを聞いて、1から4の中から、最もよいものを一つ選んでください。

문제 용지에 아무것도 인쇄되어 있지 않습니다. 우선 이야기를 들어 주세요. 그리고 나서 질문과 선택지를 듣고, 1에서 4. 중에서 가장 좋은 것을 하나 골라 주세요.

1번 정답 3

大学で男の学生と職員が話しています。

M：すみません、アルバイトを紹介してもらいたいんですが。お客さんと接する仕事がいいんですが、どんなのがあるか教えていただけませんか。時給はできたら900円以上で、三日までで探してるんですけど。

F：ええと、条件に近いものが四つありますよ。まず、これですね。大学正門前のコンビニです。時給850円で、週三日。早朝と深夜は時給が100円高くなるそうです。それから、大学の前の大通り沿いのガソリンスタンドですね。時給1,200円です。ただ、土日を含めて週四日以上勤務できる人が希望だそうです。

M：どちらもお客さん相手なのはいいですね。

F：あと、大学から駅に行く途中にあるレストランでも募集していますよ。時給1,100円。調理の補助をまれに頼まれることもあるそうですが、基本的には注文を取ったり、料理を出したりする仕事で、週二日来てほしいそうです。

M：キッチンの仕事もたまにならいいかな。

F：えー、それから、駅前のデパートでのアルバイト。売り場には出ないで商品を発送する仕事になりますが、勤務日数が自由に決められますし、時給1,300円と高いのが魅力だと思いますよ。

대학교에서 남자 학생과 직원이 이야기하고 있습니다.

M : 저기, 아르바이트를 소개 받고 싶은데요. 손님과 접하는 일이 좋은데, 어떤 것이 있는지 알려 주실수 있을까요? 시급은 가능하면 900엔 이상으로, 주 3일까지로 찾고 있는데요.

F : 으~음, 조건과 가까운 것이 4개 있어요. 우선 이건데요. 대학교 정문 앞 편의점입니다. 시급 850엔이고 주3일, 이른 아침과 심야는 시급이 100엔 비싸진다고 합니다. 그리고, 대학교 앞 길가의 주유소입니다. 시급 1,200엔 입니다. 단지, 토요일과 일요일을 포함해서 주 4일 이상 근무할 수 있는 사람을 희망한다고 합니다.

M : 어느 쪽도 손님 상대인 것은 좋네요.

F : 그리고, 대학교에서 역으로 가는 도중에 있는 레스토랑에서도 모집하고 있어요. 시급 1,100엔. 조리 보조를 드물게 부탁하는 경우도 있다고 하는데, 기본적으로는 주문을 받거나 요리를 내거나 하는 일로, 주 2일 와 주었으면 좋겠다고 합니다.

M : 부엌 일은 가끔이라면 괜찮으려나?

F : 어~, 그리고 역 앞 백화점 아르바이트. 매장에는 나오지 않고 상품을 발송하는 일이 되는데, 근무일 수를 자유롭게 정할 수 있고, 시급 1,300엔으로 비싼 것이 매력이라고 생각해요.

M : うーん、直接お客さんとやり取りできる仕事で、できるだけ時給が高いのがいいです。クラブ活動などもあって、勤務日は増やせないから、これにします。	M : 음~, 직접 손님과 대화를 할 수 있는 일로, 가능한 시급이 비싼 것이 좋아요. 클럽 활동 등도 있어서 근무일은 늘릴 수 없으니까, 이걸로 하겠습니다.
男の学生はどのアルバイトを選びますか	남자 학생은 어느 아르바이트를 고릅니까?
1. コンビニ 2. ガソリンスタンド 3. レストラン 4. デパート	1. 편의점 2. 주유소 3. 레스토랑 4. 백화점

어휘 ▌職員(직원) ▌接する(접하다) ▌条件(조건) ▌正門(정문) ▌早朝(이른 아침) ▌深夜(심야) ▌大通り(대로) ▌勤務(근무) ▌希望(희망) ▌補助(보조) ▌料理(요리) ▌発送(발송) ▌魅力(매력) ▌やり取り(주고 받음) ▌活動(활동)

해설 종합 이해 파트에서는 대화를 듣고 이에 대한 질문에 답하는 형식이므로 이야기의 흐름과 세세한 내용을 기승전결에 따라 잘 메모해 두는 것이 좋다. 주로 3~4개를 들어 각각의 특징을 소개하는 경우가 많은데, 첫 대화문에 필요한 조건이 제시되는 경우가 많으니 첫 대화를 놓치지 말고 정리해야 하는 키워드를 재빠르게 파악하는 것이 중요하다. 남성은 아르바이트를 소개 받고 싶다고 했는데 조건은 '1) 손님과 접하는 일, 2) 시급 900엔 이상, 3) 주3일까지 근무 가능'이라는 3개이다. 총 4개 아르바이트를 소개해 주고 있는데 이 중에서 백화점은 손님과 접하는 일이 아니므로 소거해도 좋다. 편의점은 이른 아침과 심야를 제외하면 시급이 850엔으로 조건에 맞지 않고, 주유소는 주 4일 근무할 수 있는 사람을 희망한다고 했으므로 오답이 된다. 레스토랑은 시급 1,100엔에 주 2일 근무할 수 있으면 된다고 했으므로 정답은 3번 레스토랑이 된다.

2번 정답 1

環境問題を学ぶ学生3人が、授業でのグループ発表について話しています。	환경 문제를 배우는 학생 3명이 수업에서의 그룹 발표에 대해서 이야기하고 있습니다.
F1 : 今度の「サクラガエルを守る地域の活動」についてのグループ発表だけど、昨日の練習だと、10分以内に収まりそうになかったよね。どうしようか。 M : 前半で「カエルが減っている現状」について説明しておいて、後半で写真を見せながら「カエルを守る活動の重要性」について話す構成なのに、後半、時間が足りなくなっちゃったよね。後半で見せる写真を少し減らそうか。 F2 : そうしたら、活動の様子が伝わりにくいことはない？ M : そっか。 F2 : 前半の「減っている現状」については、少し省けるところがあると思うけど。 F1 : 例えば？	F1 : 이번 "벚꽃 개구리를 지키는 지역 활동"에 대한 그룹 발표 말인데, 어제 연습이면 10분 이내에 정리될 것 같지 않았어. 어떻게 할까? M : 전반에서 "개구리가 줄고 있는 현상"에 대해서 설명해 두고, 후반에서 사진을 보여주면서 "개구리를 지키는 활동의 중요성"에 대해서 이야기하는 구성인데, 후반, 시간이 부족해져버렸지? 후반에서 보여주는 사진을 조금 줄일까? F2 : 그렇게 하면, 활동 모습이 전해지기 어렵지 않을까? M : 그렇군. F2 : 전반의 "줄고 있는 현상"에 대해서는 조금 줄일 수 있는 부분이 있다고 생각하는데. F1 : 예를 들자면?

F2 : 説明で似たような内容を繰り返しているから、そこをカットするとか。 F1 : なるほどね。ほかにはないかな。 F2 : そうだな。前半の発表は私の担当だけど、昨日は少しゆっくりしゃべりすぎたかな。少し速めに話そうか。 F1 : 話し方で調整か。 M : それか「活動の重要性」について話す前に「地域の学校でどんな活動が行われてるでしょう」ってクイズを入れてるよね。あれをなくせば、後半の時間が確保できるんじゃない？ F1 : いや、聞いている人に興味を持ってもらうために、あれはいい工夫だと思うよ。 F2 : うん、私もそう思う。 F1 : じゃ、話すスピードは、今より速くすると聞きにくくなっちゃうと思うから、やっぱり現状のところを整理しよう。	F2 : 설명에서 비슷한 내용을 반복하고 있으니까, 거기를 줄인다든지. F1 : 그렇군. 그 외에는 없을까? F2 : 음~, 전반 발표는 내 담당인데, 어제는 조금 너무 천천히 이야기했으니까. 조금 빨리 말할까? F1 : 말투로 조정한다고? M : 아니면 "활동의 중요성"에 대해서 이야기하기 전에, "지역의 학교에서 어떤 활동이 행해지고 있을까요?"라고 퀴즈를 넣었지? 그것을 없애면, 후반 시간을 확보할 수 있지 않을까? F1 : 아니, 듣는 사람에게 흥미를 갖게 하기 위해서, 그건 좋은 궁리라고 생각해. F2 : 응, 나도 그렇게 생각해. F1 : 그럼, 이야기하는 스피드는 지금보다 빨리하면 듣기 어려워질 거라고 생각하니까, 역시 현상 부분을 조정하자.
発表の時間を短くするためにどう変更することにしましたか。	발표 시간을 짧게 하기 위해서 어떻게 변경하기로 했습니까?
1. 前半の説明を短くする 2. 前半を速めに話す 3. クイズをやめる 4. 後半の写真を減らす	1. 전반 설명을 짧게 한다. 2. 전반을 빨리 이야기한다. 3. 퀴즈를 그만둔다. 4. 후반 사진을 줄인다.

어휘 環境(환경) | カエル(개구리) | 練習(연습) | 収まる(수습되다) | 現状(현상) | 写真(사진) | 様子(모습, 모양) | 省く(생략하다) | 繰り返す(반복하다, 되풀이 하다) | カットする(컷하다, 자르다) | 調整(조정) | クイズ(퀴즈)

해설 그룹 발표에서 시간이 초과되는 것에 대한 대처 방법을 논의하고 있다. 먼저 사진을 줄이는 것에 대해서는 활동 모습이 전해지기 어렵다고 부정적인 반응을 보이고 있으며, 퀴즈는 듣는 사람에게 흥미를 갖게 하는 좋은 시도라고 했으므로, 줄일 수 있는 것은 전반에 비슷한 설명이 반복되고 있는 부분을 줄이는 방법이 된다. 따라서 정답은 1번이 된다.

3番 / 3번

まず話を聞いてください。それから、二つの質問を聞いて、それぞれ問題用紙の1から4の中から、最もよいものを一つ選んでください。

우선 이야기를 들어 주세요. 그리고 나서 2개의 질문을 듣고, 각각 문제 용지 1에서 4 중에서 가장 좋은 것을 하나 골라 주세요.

3번 (1) 정답 3 (2) 정답 1

町の市民講座で、交通安全についての説明を聞いて、夫婦が話しています。

M1：今日は、街の交通安全について考えたいと思います。グループに分かれて問題になっている地域の現状を見に行き、そのあと、対策を話し合いますので、一つ選んでください。まず、北中通りです。駅前の大通りで、歩道に自転車が多く止められていて、歩きにくいと苦情が寄せられています。次は、運動公園沿いの大川通りです。週末、公園の利用者の車が駐車場に入りきらず、通りに駐車するため問題になっています。次の上田通りは、近くに小学校があり、児童が通学で利用しています。しかし、歩道が狭く、安全を心配する声が上がっています。最後の山下通りは商店街です。自転車の通行量が多く、歩行者が安心して買物できる対策が求められています。

M2：どこにする？ この前、公園の近くを歩いてたら、確かに道路に駐車している車が多かったな。

F：うん。でも、親としては、子供が毎日登校や下校に使う道路の安全のほうが心配じゃない？

M2：そうだね。僕もそっちのほうが心配だな。

F：じゃ、決まり。一緒に行こう。

M2：あ、でも僕、自転車の問題も気になってるんだ。通勤で急いでいるとき、迷惑なんだよ。

F：あ、商店街でしょ。私も自転車とぶつかりそうになったことあるよ。

M2：僕が言ってるのはそこじゃないよ。朝とか人通りが多いときに、歩道に置いてあると邪魔なんだよね。僕は、そっちを見に行くよ。

마을 시민 강좌에서, 교통 안전에 대한 설명을 듣고 부부가 이야기하고 있습니다.

M1 : 오늘은, 마을의 교통 안전에 대해서 생각해 보겠습니다. 그룹으로 나뉘어서 문제가 되고 있는 지역의 현상을 보러 가고, 그 후에 대책을 논의할 테니까, 하나 골라 주세요. 우선 기타나카 대로입니다. 역 앞 대로로, 보도에 자전거가 많이 세워져 있어서, 걷기 어렵다고 불만이 보내지고 있습니다. 다음은 운동 공원가 오카와 대로입니다. 주말, 공원 이용자의 차가 주차장에 들어가지 못해, 길가에 주차하기 때문에 문제가 되고 있습니다. 다음 우에다 대로는, 근처에 초등학교가 있어 아동이 통학에 이용하고 있습니다. 하지만 보도가 좁아, 안전을 걱정하는 의견이 올라오고 있습니다. 마지막 야마시타 대로는 상점가입니다. 자전거 통행량이 많아, 보행자가 안심하고 쇼핑할 수 있는 대책이 요구되고 있습니다.

M2 : 어디로 할 거야? 요전에, 공원 근처를 걷고 있었는데, 확실히 도로에 주차하고 있는 차가 많았어.

F : 응, 하지만 부모로서는 아이가 매일 등교나 하교에 사용하는 도로의 안전 편이 걱정이지 않아?

M2 : 맞아. 나도 그 쪽이 걱정이야.

F : 자, 결정, 함께 가자.

M2 : 아, 하지만 나, 자전거 문제도 신경 쓰여. 출근으로 서두르고 있을 때, 민폐거든.

F : 아, 상점가 말이지? 나도 자전거랑 부딪칠 것 같았던 경우가 있어.

M2 : 내가 말하고 있는 건 거기가 아니야. 아침이라든가 사람의 통행이 많을 때, 보도에 놓여져 있으면 방해란 말야. 나는 그 쪽을 보러 갈게.

F：分かった。じゃ、別々に見に行こう。	F : 알았어. 그럼 따로따로 보러 가자.
1. 北中通り 2. 大川通り 3. 上田通り 4. 山下通り	1. 기타나카 대로 2. 오카와 대로 3. 우에다 대로 4. 야마시타 대로
質問1. 女の人は、どこを見に行きますか。	질문1. 여자는 어디를 보러 갑니까?
質問2. 男の人は、どこを見に行きますか。	질문2. 남자는 어디를 보러 갑니까?

어휘 市民(시민) | 交通(교통) | 安全(안전) | 夫婦(부부) | 歩道(보도) | 苦情(불평, 불만) | 通学(통학) | 通行量(통행량) | 登校(등교) | 下校(하교) | 道路(도로) | 迷惑(민폐, 폐) | 商店街(상점가) | ぶつかる(부딪히다) | 邪魔(방해) | 別々(따로따로)

해설 교통 안전에 관한 설명 중 자전거에 관한 부분과 주차장 문제, 보도가 좁아서 통행에 위험한 것의 3가지 내용을 각각 구분해 두는 것이 포인트이다. 또한 자전거는 역 앞에 자전거가 무단으로 세워져 있는 문제와 상점가에서 자전거 통행량이 많아 보행자에게 위험한 2가지를 구분하여 메모해 두는 것도 중요하다.

우선 남자는 마지막 대화에서 아침에 보도에 놓여져 있는 자전거 문제가 신경쓰인다고 했으므로 질문 2는 1번 기타나카대로이다.

한편, 여성은 학부모로서 아이가 매일 등교나 하교에 사용하는 도로 안전이 걱정된다고 했으므로 질문1의 정답은 3번 우에다 대로이다.

日本語能力試験

JLPT 공식 문제집 Ver2.0

N2

청해 워크북

문제3

문제3에서는 문제 용지에 아무것도 인쇄되어 있지 않습니다. 이 문제는, 전체적으로 어떤 내용인지를 듣는 문제입니다. 이야기 앞에 질문이 없습니다. 우선 질문을 들어주세요. 그리고 나서 이야기를 듣고, 문제용지 1에서 4. 중에서 가장 좋은 것을 하나 골라 주세요.

1번 정답 2

ラジオで男の人が話しています。

M：えー、_____

_____

男 _____

1. _____
2. _____
3. _____
4. _____

2번 정답 1

会社の企画部の会議で女の人が話しています。

F：先月、_____

_____

女 _____

1. _____
2. _____
3. _____
4. _____

3번 정답 3

子育て教室で男の人が話しています。

M：こ_____

_____

男 _____

1. _____
2. _____
3. _____
4. _____

4번 정답 1

ラジオで女の人が話しています。

F：健_____

_____

女 _____

1. _____
2. _____
3. _____
4. _____

5번 정답 2

小学校で先生が児童の親たちに話しています。

M：も_____

_____

_____

_____

_____

_____

_____

_____

_____

_____

_____

_____

先_____

1. _____
2. _____
3. _____
4. _____

| 문제5 | 문제5에서는 긴 이야기를 듣습니다. 이 문제에는 연습은 없습니다.
문제 용지에 메모를 해도 상관 없습니다. |

1번 정답 3

大学で男の学生と職員が話しています。

M：す

F：ええと、

M：ど

F：あと、

M：キ

F：えー、

M：うーん、

男

1.
2.
3.
4.

2번 정답 1

環境問題を学ぶ学生3人が、授業でのグループ発表について話しています。

F1：今

M：前

F2：そ

M：そ

F2：前

F1：例

F2：説

F1：な

F2：そうだな。

F1：話

M：そ

F1：いや、

F2：うん、

F1：じゃ、

発

1.
2.
3.
4.

3번 (1) 정답 3 (2) 정답 1

町の市民講座で、交通安全についての説明を聞いて、夫婦が話しています。

M1：今日は、_____
_____
_____
_____
_____
_____
_____

M2：どこにする？_____
F：うん。_____
M2：そうだね。_____
F：じゃ、_____
M2：あ、_____
F：あ、_____
M2：僕_____
_____

F：分_____

1. _____
2. _____
3. _____
4. _____

質問1. 女の人は、_____

質問2. 男の人は、_____

MEMO

MEMO

MEMO

日本語能力試験 解答用紙

N2 言語知識（文字・語彙・文法）・読解

JLPT공식문제집 N2 ver2.0

受験番号 Examinee Registration Number

名前 Name

<ちゅうい Notes>
1. くろいえんぴつ(HB、No.2)でかいてください。
   (ペンやボールペンで かかないで ください。)
   Use a black medium soft (HB or No.2) pencil.
   (Do not use any kind of pen.)
2. かきなおすときは、けしゴムできれいにけしてください。
   Erase any unintended marks completely.
3. きたなくしたり、おったりしないでください。
   Do not soil or bend this sheet.
4. マークれい Marking examples

よいれい Correct Example	わるいれい Incorrect Examples
●	⊘ ◯ ⦵ ◐ ◑ ⦶

問題1

1	①	②	③	④
2	①	②	③	④
3	①	②	③	④
4	①	②	③	④
5	①	②	③	④

問題2

6	①	②	③	④
7	①	②	③	④
8	①	②	③	④
9	①	②	③	④
10	①	②	③	④

問題3

11	①	②	③	④
12	①	②	③	④
13	①	②	③	④
14	①	②	③	④
15	①	②	③	④

問題4

16	①	②	③	④
17	①	②	③	④
18	①	②	③	④
19	①	②	③	④
20	①	②	③	④
21	①	②	③	④
22	①	②	③	④

問題5

23	①	②	③	④
24	①	②	③	④
25	①	②	③	④
26	①	②	③	④
27	①	②	③	④

問題6

28	①	②	③	④
29	①	②	③	④
30	①	②	③	④
31	①	②	③	④
32	①	②	③	④

問題7

33	①	②	③	④
34	①	②	③	④
35	①	②	③	④
36	①	②	③	④
37	①	②	③	④
38	①	②	③	④
39	①	②	③	④
40	①	②	③	④
41	①	②	③	④
42	①	②	③	④
43	①	②	③	④
44	①	②	③	④

問題8

45	①	②	③	④
46	①	②	③	④
47	①	②	③	④
48	①	②	③	④
49	①	②	③	④

問題9

50	①	②	③	④
51	①	②	③	④
52	①	②	③	④
53	①	②	③	④
54	①	②	③	④

問題10

55	①	②	③	④
56	①	②	③	④
57	①	②	③	④
58	①	②	③	④
59	①	②	③	④

問題11

60	①	②	③	④
61	①	②	③	④
62	①	②	③	④
63	①	②	③	④
64	①	②	③	④
65	①	②	③	④
66	①	②	③	④
67	①	②	③	④
68	①	②	③	④

問題12

69	①	②	③	④
70	①	②	③	④

問題13

71	①	②	③	④
72	①	②	③	④
73	①	②	③	④

問題14

74	①	②	③	④
75	①	②	③	④

日本語能力試験 解答用紙

N2 聴解